温州市绣山中学校园足球训练课程
校园足球教练员赴法留学培训成果提炼

U0600210

踢球者青训营——校园足球
情境化训练课设计

主　编：张洪江
副主编：林晓斌　李　挺　詹金虎　马海波　魏为升
　　　　王郭静　林成舒　李秋夏　杨晓明

吉林大学出版社
·长春·

图书在版编目（CIP）数据

踢球者青训营：校园足球情境化训练课设计 / 张洪江主编 .— 长春：吉林大学出版社，2021.9
ISBN 978-7-5692-8750-9

Ⅰ．①踢… Ⅱ．①张… Ⅲ．①学校体育－足球运动－教学研究 Ⅳ．① G843.2

中国版本图书馆 CIP 数据核字 (2021) 第 177032 号

书　　名：踢球者青训营——校园足球情境化训练课设计
　　　　　TIQIUZHE QINGXUNYING——XIAOYUAN ZUQIU QINGJINGHUA XUNLIANKE SHEJI

作　　者：张洪江　主编
策划编辑：邵宇彤
责任编辑：宋睿文
责任校对：张　驰
装帧设计：优盛文化
出版发行：吉林大学出版社
社　　址：长春市人民大街4059号
邮政编码：130021
发行电话：0431-89580028/29/21
网　　址：http://www.jlup.com.cn
电子邮箱：jdcbs@jlu.edu.cn
印　　刷：定州启航印刷有限公司
成品尺寸：170mm×240mm　　16开
印　　张：10
字　　数：135千字
版　　次：2021年9月第1版
印　　次：2021年9月第1次
书　　号：ISBN 978-7-5692-8750-9
定　　价：49.80元

　　足球教育的本质是唤醒孩子心中的美好、对美的向往以及心中的善念，从基础教育的角度来说，足球是一种教育工具，其目的是帮助孩子找到自己，成为自己。自校园足球工作大规模普及以来，我国的足球人口在不断增加，这是一个可喜的现象，足球的人口基数是保证一个国家整体足球水平的重要指标。在这个过程当中，我们不仅看到了大量的青少年学生投身这项运动，无数的家长对足球重拾希望，还见证了成千上万的基层足球教练员和足球工作者的不断成长。

　　20世纪80年代，黑白电视里播放的意甲联赛让当时只是处于小学低段的我心里燃起一团火，成为职业足球运动员在那时已经成为我有记忆以来的第一个梦想。在这以后十几年、二十几年甚至更长的时间里，梦想虽然没有实现，但从未破灭。一向酷爱体育运动的我从师范类体育院校毕业后，无意中走向了一个与最初梦想非常接近的职业——校园足球教练员，而且一做就是将近20年，对于我来说这无疑是一种幸运，因为热爱所以幸福，因为期待所以执着，无论一路走来遇到多少坎坷，我始终为自己身为一名校园足球工作者而感到欣慰。

　　2015年9月，教育部选派全国第一批校园足球教练员赴法国留学培训，作为千千万万全国基层校园足球教练之一的我有幸入选，连续三个月的封闭培训，让我向足球强国汲取了先进足球文化和理念，与国内顶级校园足球教练员同窗研学、切磋技艺，除了实现自己跨越式的提升之外，更感觉到了自身内在的蜕变。作为校园足球的留学人员，回国以后我就马上利用寒假时间整理学习成果，结合当前自己学段的校园足球教学与训练工作编写足球教材，2016年初足球训练教材已经初步成型，又经过几年的实践与借鉴，我将教材进一步充实，本书每一课的设计均以一节标准的 90 分钟的足球训练课形式呈现，包括完整的热身、技术练习、情境训练和比赛过程，每节训练课充分借鉴法国足球的训练模式和方法，以情境训练与针对性比赛为核心内容，坚持一切足球技术都是来源于比赛的理念，结合大量的有球练习，突出训练课程的趣味性、有效性和实践性，将大量情境化的训练手段融入其中，强化"学以致用"的导向性。通过足球项目教学与训练，使学生能够真正熟练掌握这项运动技能，能够真正在这项运动中"享受乐趣、增强体质、健全人格、锤炼意志"，通过足球项目进一步落实"立德树人"的教育理想。

经过几年的筹备与策划，本书即将出版，作为温州市绣山中学的校本训练教材能够成型，离不开学校这个平台。非常感谢林晓斌校长对我在 2015 年赴法留学前期的全力支持和推荐以及一直以来的信任，是她让我一直充满动力和热情。还有其他几位校长以及后勤部门的工作人员对我们足球项目也十分支持，为我们的教练团队和学生球员提供非常优质的校园足球平台也特别感谢我们的教练团队，在我 2015 年留学培训回国之后，一个又一个对足球充满热爱的年轻教师不断加入团队，目前团队有五位教练，我们一起训练，一起学习，一起研究，一起奋斗在推动校园足球发展的道路上。

由于编者水平有限，书中的不足之处在所难免，借此诚恳地希望有关专家、同行和读者不吝赐教，以便我们不断改进。

张洪江

2021 年 6 月 20 日

目 录
CONTENTS

第一课　运球与突破（一）

一、热身

时间：15 分钟

场地：20 米 ×30 米

1. 规定区域内自由运球

组织：每人一球，在规定区域内不停运球变向，场内摆放不同颜色的标志盘（图 1-1）。

图 1-1

（1）左右脚结合、不间断进行练习。

（2）用脚的不同位置触球。

（3）尽量占满整个限定区域。

2. 运球过程中，听指令做动作

（1）停球后做后踢腿，左右腿各 5～6 次。

（2）停球后做高抬腿，左右腿各 5～6 次。

（3）停球后做侧滑步，每边 1 次，交替进行。

（4）停球后做后侧步接向前加速运球。

指导要点：注意力集中，不停抬头观察，充分利用场地的宽度。

二、技术练习

时间：30 分钟

场地：20 米 ×30 米

1. 变向与加速

组织：三名球员分别带球站在三个标志点的外侧，中间放一标志桶距每个点 7～8 米，当听到指令后三人同时朝中心位置带球跑动，在距离标志桶 1～2 米时，其中一名队员发出信号，三人同时完成一个假动作并以顺时针方向运球跑向下一个标志点（图 1-2）。

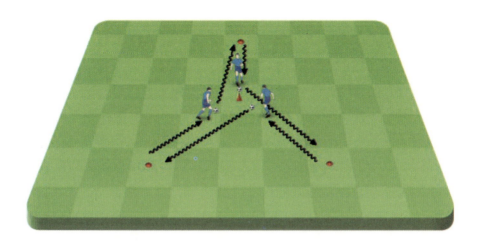

图 1-2

指导要点：球员听到指令后要有明显的变向和加速动作。

观察现场：完成一定的循环次数后，球员可以改变运球方向，并尝试不同的假动作，以便使两只脚都能得到训练。

2. 假动作摆脱

组织：两名球员面对面，相距 18 米左右，中间放一标志桶，最低处插一横杆，两人同时相向运球，遇障碍时变向加速通过（图 1-3）。

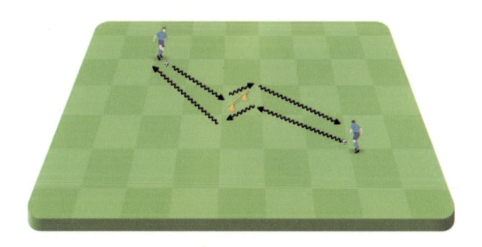

图 1-3

（1）脚内侧扣球变向。

（2）脚外侧横向拨球变向。

（3）换另一只脚练习（1）和（2）的内容。

指导要点：

（1）两人同时做动作，不间断练习。

（2）速度要快，变向突然。

观察现场： 中间插横杆目的一是加大障碍的宽度，模拟真实情境；二是防止球员运球过人时距离对手太近。

三、情境训练：提高运球加速能力

时间： 25 分钟

场地： 20 米 ×30 米

组织： 球员 1 对 1 面对面，相距 5 米左右，底线队员站在两个小球门（由标志桶组成）的中间位置，小球门间距 6 ～ 8 米（图 1-4）。

图 1-4

（1）当运球队员越过白线后，底线队员快速跑向任意一小球门，运球队员则以最快的速度将球运向另一个球门，将球停在球门线上。

（2）加入对抗，防守一方将手臂放在身后夹紧，当运球队员进入区域后，防守队员迅速出击，阻止对方运球通过任何一个小球门，6 秒内完成进攻。

（3）同上，防守者解放双手，加大运球突破的难度。

观察现场：观察运球队员是否有速度与方向的变化，教练指导观察，及时纠正，严格要求技术动作。

四、比赛

时间：20 分钟

场地：40 米 × 60 米

组织：在 8 人制场地内进行 8 对 8 全场比赛，要求运用前面练习的过人技术加强突破，禁止向前传球，只能横向传球或回传（图 1-5）。

图 1-5

指导要点：

（1）突破坚决果断，加速摆脱。

（2）后方队员快速支援。

观察现场：控球队员遇到防守向后传球时，要尝试利用身体护球，包括进行手臂动作。

第二课　运球与突破（二）

一、热身阶段

时间： 15 分钟

场地： 20 米 × 20 米

组织： 队员 3 ～ 4 人为一组，两组相距 5 米左右，每名队员用身体的不同部位将球传给对方，并随球跑动到对面准备接球（图 2-1）。

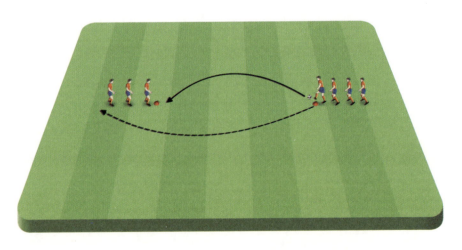

图 2-1

指导要点： 每名队员可连续多次触球，尽量使球保持在空中，回传之前最多只允许球落地一次。

二、技术练习：背身控球与摆脱

时间：25 分钟

场地：10 米 ×5 米

组织 1：每名运动员带球身体朝一侧站在相距 3 ～ 5 米的两标志点之间，用脚的不同位置来回运球，并尝试做出快速的变向以及各种假动作（图 2-2）。

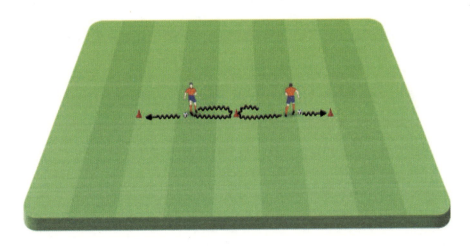

图 2-2

组织 2：在前面练习的基础上，在两个标志点的外侧各增加一个 1.5 米左右的小球门，并加入对抗，运球队员努力通过背身带球摆脱身后的防守队员，并将球带入两侧任意一个小球门（图 2-3）。

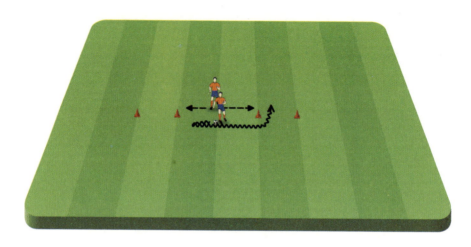

图 2-3

指导要点：在运球进入小球门之前，双方不能超越中间的限制线。

观察现场：可以鼓励持球队员利用脚步或身体不同的假动作进行晃动，也可将球利用身体拖在支撑腿的后侧加强对抗和护球能力。

三、情境训练

时间：30 分钟

场地：20 米 × 15 米

组织：在长方形的场地内进行 1 对 1 比赛，两端线上各设置两个小球门，球门宽 2 米，其他球员排在场外等候，一方队员持球进攻时，尝试使用不同的运球方式和假动作突破防守队员，向两个球门中的任意一个发起进攻，运球方只有人和球都通过球门线才算进球有效（图 2-4）。

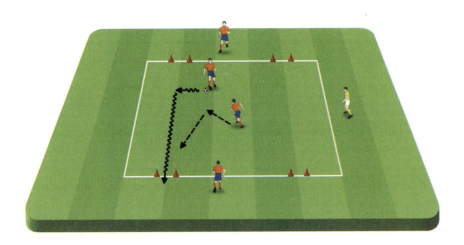

图 2-4

指导要点：

（1）10 秒钟内完成一次进攻。

（2）短时间内不断做出决策。

观察现场：可以将全队平均分成两组进行比赛，最后统计总得分。

组织：在同样大小的场地内，撤掉线上的球门，将标志桶摆放在四个顶点处，场内球员 2 对 2 进行比赛，队员可以运球突破，也可将球传给同伴，当控球一方队员突破对方底线即得分（图 2-5）。

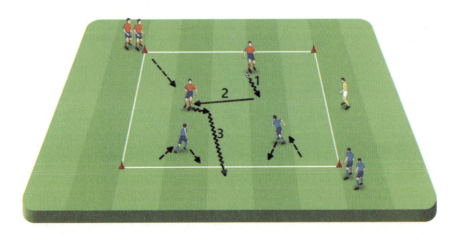

图 2-5

指导要点：控球一方需在 10 秒内完成进攻。

观察现场：2 对 2 比赛与 1 对 1 比赛相比会出现更多的变化，也会出现更多的跑动和拦截，队员在练习过程中要保持高度的专注。

四、比赛

时间：20 分钟

场地：30 米 ×20 米

组织：在长方形的场地内进行 4 对 4 的比赛，两端各设一个五人制大小的球门，中间设置一个边长 6 米左右的正方形特定区域，比赛中控球队员可以运球进入此区域或快速通过，也可在区域里将球传给队友，继续进攻，而无球队员不得进入此区域（图 2-6）。

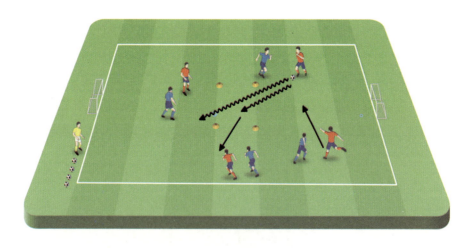

图 2-6

指导要点：

（1）在特定区域内控球时间不能超过 3 秒。

（2）无球队员的积极跑位与接应。

观察现场：控球队员必须意识到一次有准备的传球可以为队友创造良好的进攻条件。

第三课　传球与控球（一）

一、热身

时间：10分钟

场地：两人相对 3 米左右

组织：两人一组面对面，一人位于间隔 2 米的两标志点后方，连续传接球，每练习 30 秒交换一次（图 3-1）。

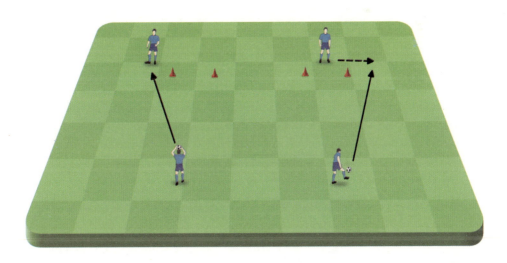

图 3-1

（1）一人定点传地滚球，将球传向接球队员的左、中、右等不同位置，接球者停球后回传，然后过渡到一脚回传。

（2）一人抛球，另一人脚内侧垫空中球回传。

（3）脚背正面回传。

（4）胸前停球后用脚的任意部位回传。

（5）大腿停球后用脚的任意部位回传。

二、技术练习

时间： 25 分钟

场地： 15 米 ×15 米

1. 跑动当中的传接球

组织： 靠近边线处各设置一个小球门（锥桶间距 1～2 米），两人各持一球处在两个对角处，开始练习时，两人同时将球传过小球门，并快速跑向对方的传球线路上接球，再次将球回传（图 3-2）。

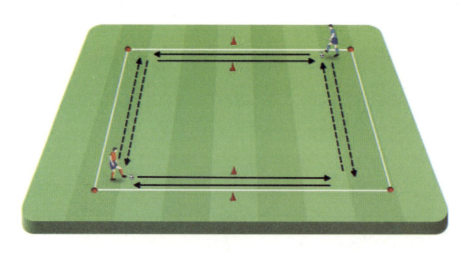

图 3-2

观察现场： 根据队员水平设置小球门间的距离，确定是一脚触球还是两脚触球，并尝试让队员进行两只脚的均衡练习。

2. 三角形传球（控球和第一脚触球）

组织：场地内摆放 1 米宽的三个蓝色小球门，形成三角形训练区（边长 8～10 米），每个小球门外侧 1 米处再摆放一个红色的标志点，每四人为一组，球员站在红色标志点的外侧（其中起点处站两人）。练习开始，队员 A 将球传给 B，并随球跑向 B 处，球员 B 适时上前接球，并通过第一脚触球使球通过蓝色小球门，随后将球传给 C 并跑向 C 处，C 快速上前通过第一脚触球同样使球通过自己前面的蓝色小球门，并将球传到 A 处，依次轮转不停地循环练习（图 3-3）。

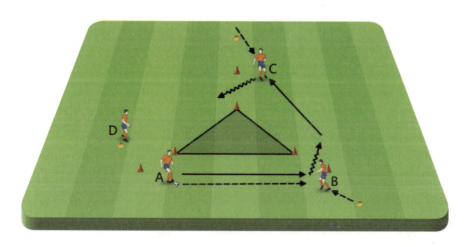

图 3-3

指导要点：

（1）接球队员要用两脚触球。

（2）队员启动时适时加速模拟摆脱防守。

观察现场：改变传球方向，保证队员左右脚的均衡练习。

三、情境训练

时间：30 分钟

1. 场地：10 米 × 10 米

组织：控球方 4 对 2，四边设自由人（图 3-4）。

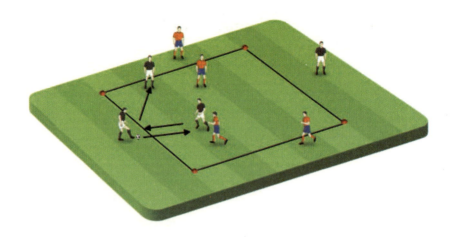

图 3-4

（1）自由练习无要求。

（2）限制中间队员三脚触球，外侧自由人两脚球，然后内外队员交换。

（3）中间队员两脚球，外侧自由人一脚球。

2. 缩小场地：6 米 ×6 米

练习方式同上。

3. 回到 15 米 ×15 米的场地，中间设一名自由人

（1）自由传球无限制。

（2）规定一方连续传球 10 次得 1 分。

（3）中间队员三脚球，外侧自由人两脚球，控球方连续传球 10 次得 1 分。

指导要点： 每个练习持续 2～3 分钟，计数的一方要大声报出传球次数。

观察现场： 注意关注每个练习的变化，人数的不同、触球次数不同、场地大小以及练习时间的长短对攻防双方的影响，在场地比较大的情况下，队员控球传球有多种可能性，队员要更快速地做出决策，这样对技术型的球员更有利。

四、比赛

时间：25 分钟

场地：30 米 ×20 米

组织：比赛场地内设计成两个边路以及底线区域，如红队控球，两边黄色区域为边路自由通道，防守方球员不得进入（图 3–5）。

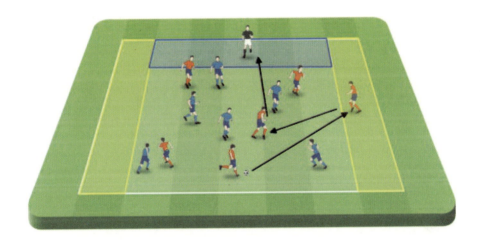

图 3–5

成功标准：控球方通过中间区域的过渡后将球传到蓝色区域内的自由球员处，则该队得 1 分（在自由通道内不能将球传到蓝色区域）。

第四课　传球与控球（二）

一、热身

时间：15 分钟

场地：30 米 × 20 米

组织：传跑结合，跑动中完成行进间的热身动作。

场地内布置两个大小相同的菱形区域，每个点站两人，两边运动员按规定路线同时开始传球，传球后做高抬腿、摆臂、后踢腿、交叉步，行进至下一个点（图 4-1）。

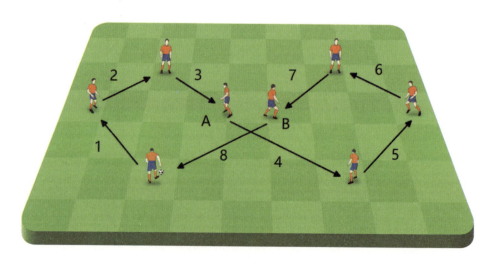

图 4-1

指导要点：

（1）左边区域球员左脚停右脚传，右边区域球员相反。

（2）中间球员 A，B 做好接球转身 180 度传球的准备。

观察现场：以上结合球的热身运动属于开放式的，球员在场上要注意获取各种信息。

二、技术练习

时间：30 分钟

场地：八人制球场半场内

1. 不同距离的传接球

组织：外侧两人相距 30 米左右，中间一人来回跑动短传接应后，外侧队员长传转移，每练习 2 分钟后轮换（图 4-2）。

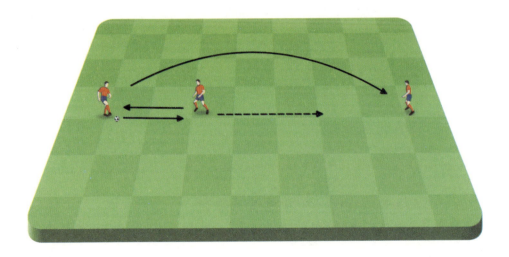

图 4-2

指导要点：每人只能触球 2 次，过渡到中间触球 1 次，外侧球员触球 2 次。

2. 三角区域的传跑接应

组织：场地内摆放边长为 10 米左右的三角形训练区域，每四人为一组站在标志点的外侧（其中起点处站两人），练习开始，队员 A 将球传给 B，并上前与 B 进行传切配合，然后 B 与 C 再次进行传切配合，依次轮换，每名队员完成后随球跑到下一个标志点（图 4-3）。

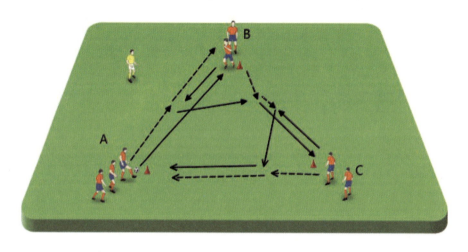

图 4-3

指导要点：控制传球力量，将球传到队友的跑动路线上。

观察现场：根据队员的水平决定是一脚还是两脚触球，也可以按逆时针方向进行，强化两只脚的均衡练习。

三、情境训练

时间：25 分钟

1.4 对 4 加 4 名自由人，场地 15 米 ×15 米

组织：每名队员处在自己的区域之内，边线外设 4 个自由人，自由人可沿边线移动接球（图 4-4）。

图 4-4

指导要点： 每人两脚球，自由人之间不能传球。

成功标准： 控球一方连续传 10 次得 1 分。

2. 4 对 4，场地 30 米 ×15 米

组织： 4 对 4 进行练习，每名队员处在自己的区域之内，外侧两队接应球员互不干扰，设定进攻方向（图 4-5）。

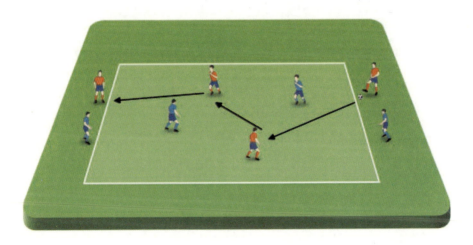

图 4-5

指导要点： 每名队员两脚球，不停地跑动接应。

成功标准：控球方将球从一侧转移到另一侧，每次得 1 分，可连续得分，没有通过中间过渡不得分。

四、比赛

时间：20 分钟

场地：八人制球场

组织：8 对 8 比赛，两边设自由通道，每边双方各站一人，控球队员最多三脚触球，提高全队的控球能力（图 4-6）。

图 4-6

指导要点：控球一方在一次完整的进攻过程中必须通过边路进球才算有效。

第五课 射门（一）

一、热身

时间： 15 分钟

场地： 15 米半径圆形内

组织： 所有队员两人一组圆形站位，中间放一锥桶（图 5-1）。

（1）所有人在圈内自由慢跑热身。

（2）动态拉伸：扩胸—内外侧摆腿转髋—前踢腿—后踢腿—侧滑步交换，每个动作重复一次。

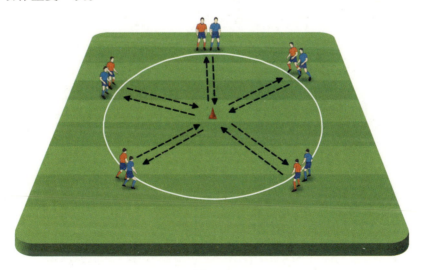

图 5-1

（3）原地拉伸：体前屈拉伸小腿——单脚支撑拉伸大腿前侧与脚背——下蹲双腿打开，接原地的小跳放松。

指导要点：

（1）自由慢跑时尽量占满区域。

（2）动态拉伸时两组前后交替进行。

二、技术练习

时间： 30分钟

场地： 八人制球场半场

1.快速调整射门（第一脚触球的控制）

组织： 在30米×30米的场内，两端球门设有守门员，两组队员分别位于中场靠近边线处，两组的各一名队员同时开始弧线跑动并穿越障碍，两侧的守门员适时将球抛到固定一侧球员的跑动路线上，接球队员第一时间把来球控向射门的方向，并迅速完成射门（图5-2）。

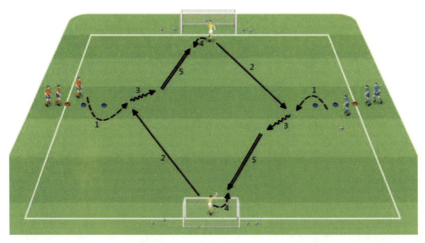

图 5-2

指导要点：

（1）接球队员在三脚内完成射门。

（2）两名守门员在抛球后要把注意力转移到接下来射门的球员身上。

观察现场：

（1）可以指定射门技术，如脚背或者脚内侧射门，强化两只脚射门能力的均衡。

（2）改变守门员的抛球方式，如地滚球、平快球或者高抛球。

2.联动式射门

组织：在两侧各设置两个球门和守门员，每一组7～14名队员参与练习，A处球员将球传到B处，并随球跑动，球员B迎球快速调整射门，然后立即接C处的传球，向另一球门进攻，完成射门后站到C的位置，C处队员向A处轮换（图5-3）。

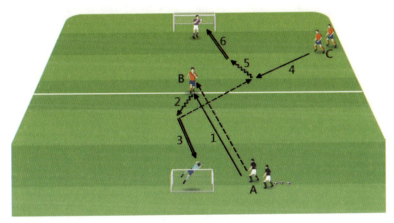

图 5-3

指导要点：动作连接快速，强调第一脚触球的变向。

观察现场：可加入防守，传球队员跟着球快速跑动同时对射门队员进行拦截。

三、情境训练

时间：20分钟

场地：八人制球场半场

组织：两端底线外设置 2 米宽的小球门各两个，场内横向划分三个区域，分别为 6 米、18 米、6 米宽，并进行 4 对 4 训练，两端为射门区（图 5-4）。

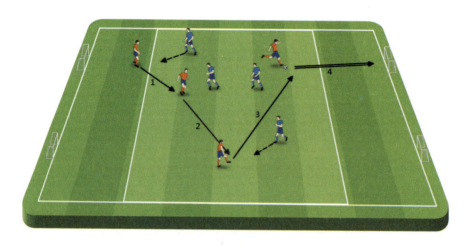

图 5-4

指导要点：

（1）只有在射门区射门得分才有效。

（2）注意在球门前制造人数优势。

（3）注意球的快速转移。

四、比赛

时间：25 分钟

场地：八人制球场半场

组织：将八人制半场分成两个区域，两端设有守门员的球门，进行 4 对 4 的比赛，双方在各自的防守区域内控球并尝试远射，当一方控球时，允许防守方一名球员进入进行拦截，拦截成功后可以将球传给自己半场的队友（图 5-5）。

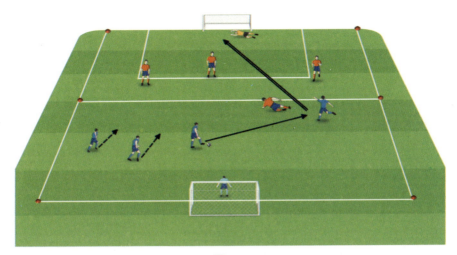

图 5-5

指导要点：

（1）防守方必须快速移动以切断对方的射门路线。

（2）不断轮转上前拦截抢球的队员。

第六课　射门（二）

一、热身：抓人（团队比赛）

时间： 15 分钟

场地： 20 米 × 20 米

组织： 将全队平均分成两组，一组在场内，每人一球自由运球，另一组为追捕组，位于一个场外锥桶处，发出开始信号后，追捕组的一名球员快速跑进场地尝试用手触碰到任何一名控球队员，如果成功，他要快速返回场外并和本方第二位的队友击掌，第二名队员击掌后继续跑入场地触碰其他任一名控球队员，依次进行，双方以比赛的形式轮换，最后看哪一队完成追捕的时间更短（图 6-1）。

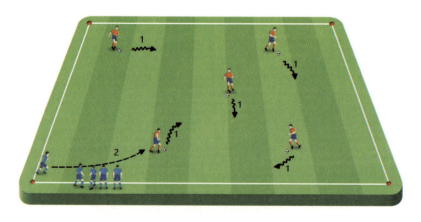

图 6-1

指导要点：控球队员保持贴身运球，并尝试利用不同方式摆脱对手。

二、技术练习

时间：30 分钟

场地：八人制球场半场

1. 一脚传接与射门

组织：队员每人一球在禁区前一角等待，面向中场，持球队员 A 先将球传向对面的同伴 B，并迅速接应，B 立即回传，A 接球后直接将球传给中路的 C，C 将球传给跑向自己的 B，并立即向禁区前沿插入，B 斜传至 C 的跑动线路上，最后队员 C 完成射门（图 6-2）。

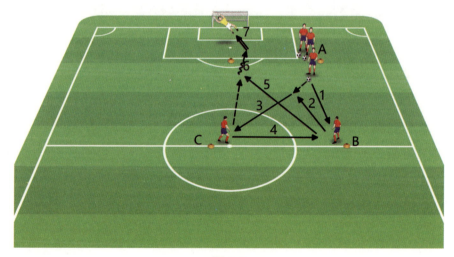

图 6-2

指导要点：传球应简单快速，所有传球要一脚完成。

观察现场：可以分成多组在不同的场地练习，这样可以使队员左右脚的能力均衡，另外也可以改变练习场地的长度和宽度，培养队员更好的传球意识。

2. "传—跑—射"的组合训练

组织：在 30 米 × 30 米的场内，靠近两端设有带守门员的球门，两组队员分别位于两侧的边路同时开始练习。球员 A 传球给 B，并快速从 B 的身后绕过，球员 B 第一脚触球将球停在接下来的传球方向，并把球传给 C，球员 C 直接将球传到 A 的跑动路线上，A 直接传纵深球给球员 D，C 转身接住 D 的传球完成射门，射门后所有参与的队员上移一个位置（图 6-3）。

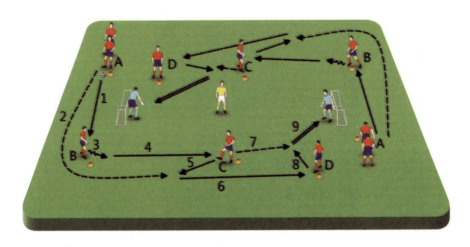

图 6-3

指导要点：

（1）所有传接球以地滚球形式完成。

（2）每名队员在两脚内完成传接球和射门。

观察现场：可以以比赛的形式组织训练，如哪一组先完成 10 个进球，或者在 5 分钟之内哪一组进球数更多，哪一组就获得比赛的胜利。

三、情境训练：移动的人墙

时间：25 分钟

场地：八人制球场球门前 25 米 ×20 米区域

组织：场内 4 对 4，另外双方各有两名队员分别站在对方球门的两侧底线外，横向跑位接应队友形成得分（图 6-4）。

图 6-4

指导要点：

（1）场内队员积极跑动，摆脱防守。

（2）场外接应队员必须一脚传球。

成功标准：

（1）场内队员直接进球得 1 分。

（2）通过场外队员回传并直接一脚进球得 2 分。

观察现场：后续训练可以过渡到场内队员传球给底线接应队员后进行换位。

四、比赛

时间：20 分钟

场地：八人制球场半场罚球区前区域

组织：区域内 4 对 4，另外 4 人作为中立队员处在罚球区外侧，与控球方为一队，当区域内某一方赢得球权后，要想取得进球，必须在射门之前通过外侧的中立队员（图 6-5）。

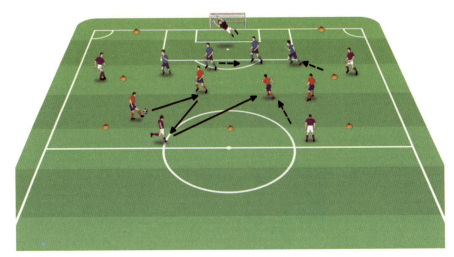

图 6-5

指导要点：限制触球次数，如控球队员在射门之前只能触球两次。

观察现场：可以采用不同的得分方式，如通过场内队员的回传，外侧中立队员进行远射可得分。

第七课 自主设计训练（一）

一、热身

时间：15 分钟

场地：30 米 ×30 米

组织：从一边开始，以地滚球形式向中间队员传球，中间队员一只脚接球后换另一只脚传球，每个队员传球后随球跑动并完成行进间的动态拉伸。

（1）每人右脚（左脚）内侧传接球然后换左脚（右脚）传球（图 7-1）。

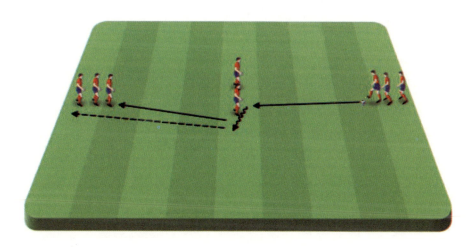

图 7-1

（2）加一个球，两边同时进行，传球后加速跑向对面（图 7-2）。

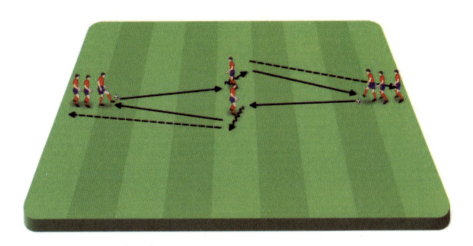

图 7-2

指导要点：

（1）接球前提前启动，主动迎球。

（2）必须是地滚球。

（3）每人两脚球。

二、技术练习：一脚传球接射门

时间： 25 分钟

场地： 30 米 × 20 米

组织： 场地内两侧设两个小球门，两组可同时练习，持球队员 A 从场外开始，与 B 做二过一短传后，直接长传球到 C 的脚下，B 继续向 C 跑动，与 C 再次完成二过一，并把球传至 C 的跑动线路上，C 接球后快速运球通过标志线完成射门（图 7-3）。

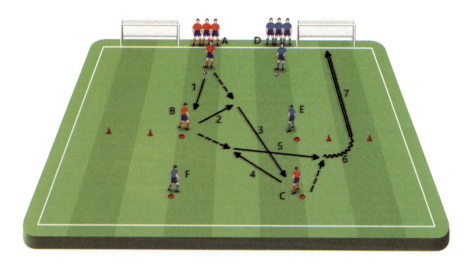

图 7-3

指导要点：

（1）除最后运球射门的队员外，其他队员必须一脚传球。

（2）每个队员完成传球后立即跑向下一个位置。

观察现场： 两组同时训练时，可以进行比赛，提高团队的合作能力。

三、情境训练

时间： 25 分钟

场地： 八人制球场半场

组织： 场内设置 9 个小球门（球门数量永远要比一队的人数多一个），两个球队形成 8 对 8，控球方试图通过运球或传球通过任意小球门得分（图 7-4）。

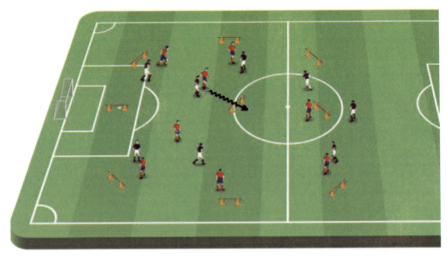

图 7-4

指导要点：

（1）保持良好的注意力和动作速度。

（2）保护控球权，制造人数优势。

成功标准：

（1）运球通过球门得 1 分。

（2）传球通过并将球控制在自己队友的脚下得 2 分。

（3）传球通过，队友触球后将球再次传给第三名队友得 3 分。

四、比赛

时间：25 分钟

场地：八人制球场全场

组织：双方 5 对 5，包括一名守门员，在场地内防守一方中后场的位置摆放四对宽度为 2 米的标志桶，作为小球门，蓝队作为进攻方首先开球（图 7-5）。

图 7-5

成功标准：

（1）进攻方蓝队射门打到球门范围内得 1 分，进球得 3 分。

（2）防守方红队努力抢断球运球通过任意一个小球门得 1 分（传球不算），并快速进入对方场区，在限制线前射门，射进得 3 分。

观察现场： 这是一个把传控球和运球过人射门两个项目结合在一起的比赛，因为规则比较复杂，所以适合有一定基础的球员练习。

第八课　自主设计训练（二）

一、热身

时间：15 分钟

场地：八人制球场半场内

组织：将所有队员平均分成两组，开始时一部分球员位于中心区域内，另一部分球员位于外侧标志盘亮点之间，内外相距 10 ～ 15 米（图 8-1）。

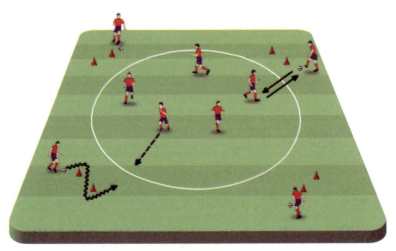

图 8-1

外侧队员绕标志盘做"8"字运球，在接到中间区域队员加速上前要球的指令后快速传球，中间队员接球后回传，并转身做后踢腿、高抬腿、后退跑。

2 分钟后内外交换。

指导要点：

（1）中间队员要有明显的加速要球动作。

（2）接应队员一停一传，必须是地滚球，强调传接球的质量。

（3）中间队员接球后运球回中圈，外侧队员小碎步移动随时准备接球回传。

（4）进入中圈后做过人的假动作。

（5）做射门的假动作。

（6）球员持球穿过中圈后要快速观察寻找空位，主动与另外一名外侧球员形成传接球。

二、技术练习

时间：20 分钟

场地：八人制球场全场

组织：在场地内布置两条固定的传球线路，在后卫线到中场、边前卫、中锋的位置，摆放 7 个标志点，每个点上安排 1 ～ 2 人准备传接球，球员传球后直接跑向下一个标志点，两条线路同时开始（图 8-2）。

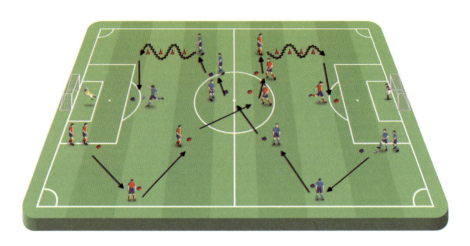

图 8-2

指导要点：

（1）所有传球均为地滚球。

（2）接球人要打开身位，便于观察，与传球人要形成合理的接球角度。

观察现场：

（1）完成射门的球员与前面传中队员换位，传中队员快速捡球后跑回起点。

（2）如人员充足，每队可适当增加用球，保证练习密度。

（3）要不断强调技术运动的合理性。

三、情境训练

时间： 30 分钟

场地： 八人制球场半场

1. 1 对 1 攻守

组织： 两人背向球门，教练球传出后迅速转身争抢，无球一方防守，有球一方持球突破过人射门（图 8-3）。

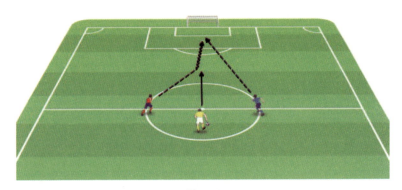

图 8-3

2. 3 对 2 攻守

组织：教练员从中场处连续发球给人数占优的一队，进攻方以多打少，并快速完成射门，10 次进攻后与另一队轮换（图 8-4）。

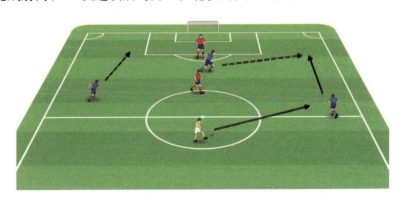

图 8-4

观察现场：关注点是球员的速度，尤其是做出决策的速度，鼓励进攻队员创造带球过人的机会，每次进攻在 10 秒内完成，最重要的是要求队员做出决策的时间要快。

进阶：中圈位置加一名防守队员。当攻方得球后，中圈队员迅速上前参与防守，场内的两名防守队员努力延缓攻方的进攻速度，等待援助。

四、比赛

时间：25 分钟

场地：40 米 × 20 米

组织：5 对 5，每方各攻守三个球门，上下半场各 10 分钟（图 8-5）。

图 8-5

成功标准：

在任何一个区域进球得分，而在进球的同时，该区域：

（1）有两名或两名以上的防守队员时，得 1 分。

（2）有一名防守队员时，得 2 分。

（3）无任何防守队员时，得 5 分。

观察现场：

（1）怎样创造得到 5 分的机会？通过前面的情境比赛球员自己去思考，找到解决的方法。

（2）怎样把防守吸引到一个区域？

（3）总结一个战术原则：本方控球——吸引防守队员打破防守平衡——建立区域优势——快速转移完成进攻与射门。

第九课 个人与局部防守技战术（一）

一、热身

时间： 15 分钟

场地： 30 米 × 15 米

组织： 全队分两组间隔 4 米，两人一组同时进行，每个标志点间距 4 米，每组完成后慢跑返回（图 9-1）。练习方法有以下几种。

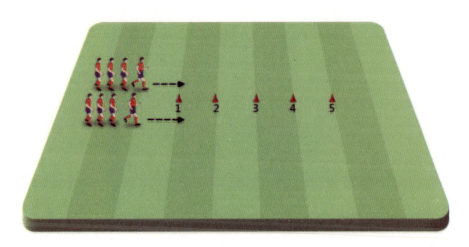

图 9-1

（1）慢跑：左右两队同时进行，前后间距一个区间。

（2）在点 2～3，4～5 时做后踢腿，其他位置慢跑调整。

（3）同上，做高抬腿。

（4）交叉步快速移动到3，然后变换方向。

（5）连续后侧滑步变向，注意用前脚掌蹬地。

（6）加速跑到3，后侧滑步至2，再加速至5后侧滑步到4。

（7）两人同时侧身跑、面对面、背对背，面对面时要根据对手的不同动作快速做出反应，如急停、加速、起跳等。

二、技术练习

时间： 20分钟

场地： 30米×10米

组织： 两人一球，相距10米左右，1对1攻防，前一轮防守的人下一轮变成进攻队员（图9-2）。

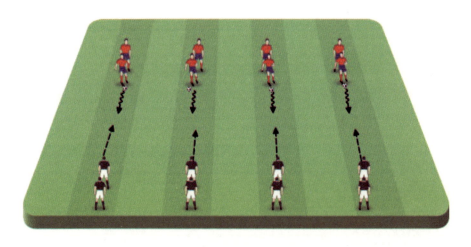

图9-2

指导要点：

（1）上前盯防的队员始终保持好防守角度，给持球人打开一个侧面运球的空间。

（2）防守者要在对方触球的一瞬间加速向前，在靠近持球者2～3步左右时，迅速降低重心，保持好防守距离。

三、情境训练

时间：35 分钟

场地：30 米 ×15 米

1. 个人防守的策略

组织：防守方设置两个 2 米宽的小球门，持球队员距离球门 15 米左右，当进攻开始的一瞬间，防守队员从中路的位置迅速向前，在这个过程中，教练给予不同的指令，如发出 1 号指令时，防守队员要全力封住对方向 1 号球门进攻的线路，发出 2 号指令，则迅速调整身位保护 2 号球门（图 9-3）。

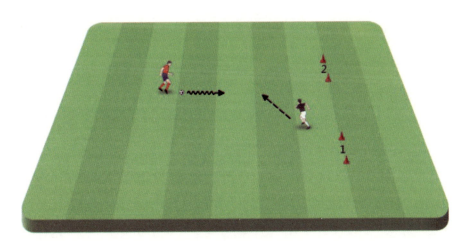

图 9-3

指导要点：防守时尽可能设法降低持球人的速度，并封住通向球门的线路，身体不能正面朝向对手，要保持侧身，侧身的方向要有利于自己抢断，并迫使对方向边线移动。

观察现场：1 对 1 防守时，防守者要降低重心，侧向移动，随时观察等待时机，当足球离持球队员较远导致其失去控制时，要果断出脚，也可做一些假动作干扰对方。

2. 协同防守

（1）2 对 2。

组织：在 20 米 × 15 米的范围内，场地两端设两个宽 2 米的小球门，两人一组防守断球后由守转攻，不停轮换，尝试找到最好的防守方式（图 9-4）。

图 9-4

指导要点：

①防守队员控制各自的区域，不断交流，并且关注球的变化，如左边持球，左边的防守队员要迅速前提并紧逼，右侧同伴后退并保护。

②球离球门越近，防守队员保护的距离越短，另外要时刻关注无球的进攻队员。

③当球从一边交叉运向另一边，防守队员位置不要交换，另一区域的防守队员及时上前。

（2）6 对 3。

组织：将场地划分为三个区域，中间部分稍小，两侧各设三名同队的控球队员，中间设三名防守队员，进攻方任何一人控球，离他最近的中间一名防守队员立即上前抢断，其他人立刻移动封堵传球路线，协同保护（图 9-5）。

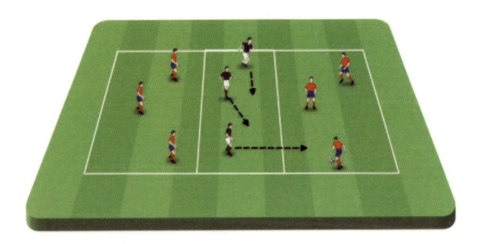

图 9-5

指导要点：

①要求进攻方五脚之内将球从一侧转移到另一侧。

②除离球最近的防守队员可离开区域快速上前抢断外，其他防守队员只能在中间防守区域内拦截。

③以地滚球形式传球。

四、比赛

时间： 20 分钟

场地： 40 米 × 20 米

组织： 将全体队员分成两个小场，每个场地 5 对 5 进行比赛，每队设 1 名守门员，要求持球进攻队员只能向前运球不能向前传球（可回传），重点关注防守队员的站位（图 9-6）。

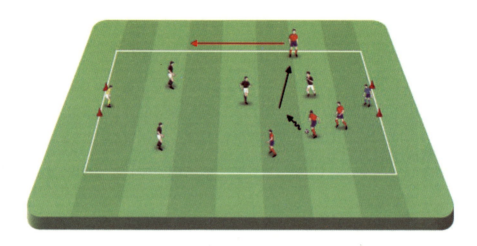

图 9-6

指导要点：变被动为主动，对有球队员实行快速逼抢，并时刻对球保持压迫。

第十课 个人与局部防守技战术（二）

一、热身

时间：15 分钟

场地：30 米 × 15 米

组织：两组同时开始，行进间完成拉伸动作，每个动作做两组，距离 15 米（图 10-1）。

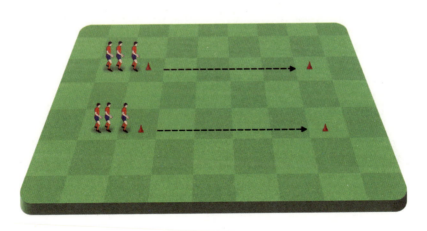

图 10-1

（1）一般性热身：慢跑—后踢腿—高抬腿—前踢腿。

（2）协调性训练：侧滑步—外摆腿—内摆腿—慢跑中击掌（头上—胸前—背后）。

观察现场：两组同时出发，配合有节奏的击掌，有助于训练协调性。

二、技术练习

时间：20 分钟

场地：30 米 × 15 米

1. 控制对手

组织：两人一组在场内自由跑动，一名队员尝试进行各种加速、急停、晃动、转身等动作，另一名队员时刻保持贴近对手的状态，努力保证对方在自己双手可以触碰的范围内。

2. 1 对 1

组织：1 对 1 抢断，连续控球 30 秒或断球后交换（图 10-2）。

图 10-2

指导要点：

（1）防守者与进攻者保持合理的距离，使对手在自己的控制范围之内。

（2）降低重心，调整合适的脚步使自己能够快速移动。

观察现场：

（1）需要关注防守人断球的积极性与欲望，注意力要一直放在球上。

（2）提醒防守队员养成抬起手臂的习惯，这是为了扩大防守范围，也是为了保护自己。

三、情境训练

1.1 对 1 压迫

时间：15 分钟

场地：15 米 × 15 米

组织：三人一组，一人守门（门宽 3 米），一人持球进攻，另一人于中线处防守，持球者突破防守后完成射门，如防守者断球成功，则迅速进攻小球门（门宽 1 米），三人不断攻守轮换（图 10-3）。

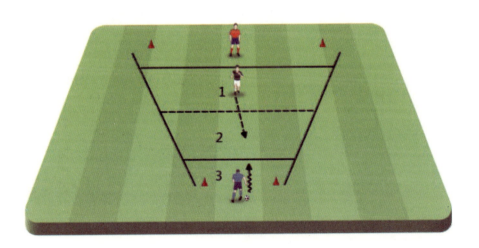

图 10-3

指导要点：防守队员必须要快速贴近对手，尽量在第一时间缩小防守区域，把进攻队员压缩在前段。

进阶：将梯形区域分为 3 块，进攻队员将球射进大球门得 1 分，防守队员在 3 区断球得 3 分，在 2 区断球得 2 分，在 1 区断球得 1 分，如断球后将球打进小球门，则额外再得 1 分。

成功标准：攻方红色队员突破防守射进球门得 1 分，防守破坏球得 1 分，抢到球得 2 分，断球后射入对方小球门得 3 分。

将梯形区域分为三块，防守队员在 3 区断球得 3 分，在 2 区断球得 2 分，在 1 区断球得 1 分。

2. 局部防守的快速移动

时间： 20 分钟

场地： 30 米 × 20 米

组织： 将场地分成左右两个相等的区域，一侧区域形成 3 对 1，两名白色队员在另一侧等候，当防守队员触到球或者控球方失误的一瞬间，场外教练迅速将球传给另一侧的白色队员，左边白色队员跑到右边场地支持自己的队友，另外一名红色队员变成防守者跑到右侧逼抢，形成新的 3 对 1（图 10-4）。

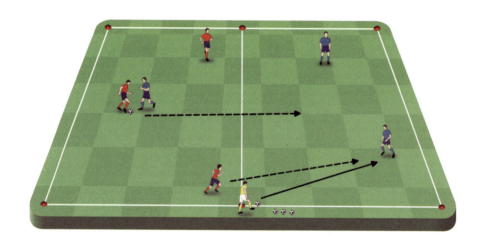

图 10-4

指导要点：

（1）控球队员最多两脚触球。

（2）防守队员应移动迅速。

四、比赛：整体逼抢

时间： 20 分钟

场地： 40 × 40 米

组织： 将场地前后分成均等的两个区域（前、后场），两端设两个配备守门员的球门，两队各有六名球员参与比赛。比赛总是由一方的守门员向其中一个中后卫手抛球开始，开始时两队球员均处在自己的半场，当中后卫第一次触球的瞬间双方均可穿越中线，控球队在球越过中线前必须在自己的半场传球五次（图10-5）。

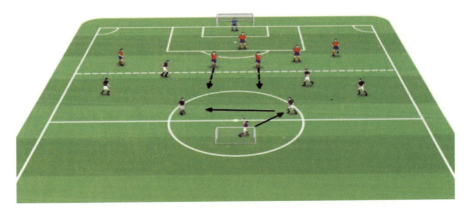

图 10-5

指导要点：

（1）整体行动，逼抢对手，如贴近、追赶、双人包夹等。

（2）带着反击的目标去抢断球。

第十一课 个人与局部进攻技战术（一）

一、热身

时间：15分钟

场地：八人制球场半场

组织：两人一球，间隔3～4米，每30秒交换一次（图11-1）。

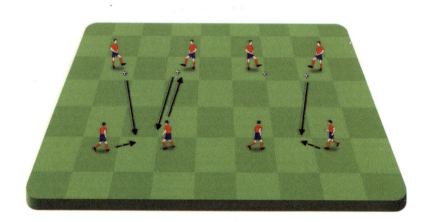

图 11-1

（1）一人定点传球，另一人左右两边跑动回传，用脚内侧一脚回传。

（2）一人抛球，另一人脚内侧垫空中球回传，左右脚交换。

（3）一人抛球，另一人用正脚背回传，左右脚交换。

（4）胸前停球后用脚的不同部位回传。

（5）大腿停球后用脚的不同部位回传。

（6）跳起头球回顶。

二、技术练习

时间： 25分钟

场地： 八人制球场半场

1. 不同位置的射门练习

组织： 在八人制球场半场的左、中、右三个区域进行接球摆脱射门，传球队员距离接球者10米左右，传球者将球传出后直接跑向接球位置，准备下一轮的射门练习，每练习5分钟，三个区域轮换一次（图11-2）。

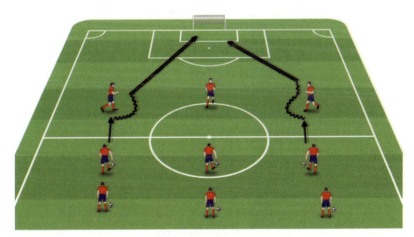

图 11-2

指导要点： 左侧区域接球摆脱后用右脚射门，中间区域接球后可用任意脚射门，右侧区域接球后用左脚射门。

2. 更快的调整射门

组织： 同上，要求一停一射，两脚触球完成射门。

指导要点： 接球转身要有明显的方向变化，尽快调整身位，球不能远离身体。

三、情境训练

时间： 30 分钟

场地： 八人制球场半场

组织： 后场队员传球，经过中场队员的摆脱一脚回传后，快速将球斜传至边路，边路队员快速下底传中，中间两名队员包抄射门，左右两侧同时进行，练习 10 分钟后两边轮换（图 11-3）。

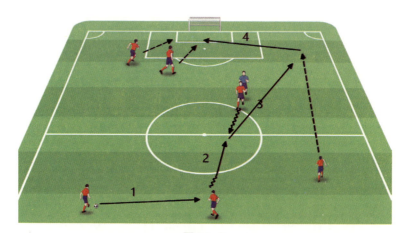

图 11-3

指导要点：

（1）门前抢点的两个人要先做反方向的跑动，然后快速抢点。

（2）下底传中前每一脚球都要以地滚球完成，所有的传球跑位必须结合比赛实际。

进阶： 加入守门员，并逐渐在门前加入 1 ~ 2 名防守队员。

四、比赛

时间： 20 分钟

场地： 八人制球场全场

组织：场上 8 对 8，另外设守门员，每个边路设自由通道，双方各有一名队员在通道内做跑动接应，而且不得互相干扰，其他队员不得进入该区域（图 11-4）。

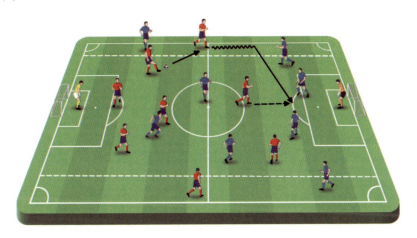

图 11-4

指导要点：场上队员要求两脚触球，通道内队员限制三脚触球，通过快速传球要尽快将球转到边路，利用通道内的便利条件形成快速传中射门。

第十二课　个人与局部进攻技战术（二）

一、热身

时间：15 分钟

场地：20 米 ×20 米

组织：三人一组，每人间距 12 米左右，在传球跑动中完成动态拉伸。

（1）右脚内侧传接球，中间队员接球转身将球传向下一个点，每一个位置的队员传球后做高抬腿随球跑动，如图 12-1（A）所示。

（2）左脚内侧同上右脚动作，做后踢腿。

（3）A 传 B 后向前跑，B 加速跑出接球把球传到 A 的跑动路线上，A 接球后快速将球传向 C，然后跑向 B 点，B 传球后反身跑向 C 处，三个点不停轮换，如图 12-1（B）所示。

（4）变化方向，换左脚练习。

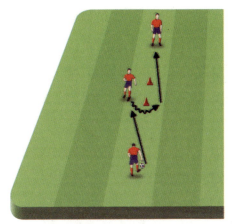 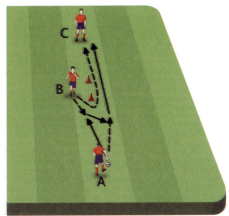

图 12-1（A）　　　　　　　　　　图 12-1（B）

指导要点：

（1）接球前要向前加速要球，传球后快速轮换。

（2）所有传球以地滚球完成。

观察现场：

（1）回传球的质量非常重要，如果回传球到位，力度适中，接球者就可以一脚传球。

（2）每一个点上可安排 2～3 人，保证传接球的流畅性。

二、技术练习："8"字形连续传控

时间： 20 分钟

场地： 10 米 × 10 米

组织： 队员成四角站位，每组前后两人面向场内，间距 10 米左右，第一名队员先直传球给对面，然后接球队员将球斜传转移至对角，再继续向前直传，整个传球路线成"8"字形一直循环，队员传球后随球跑动（图 12-2）。

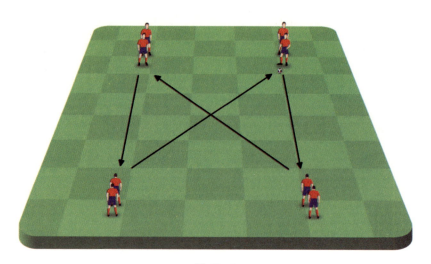

图 12-2

指导要点：

（1）接球者保持动态，提前启动，上步接球。

（2）要一直观察球的运行线路，传球后两人错开跑位。

进阶：

（1）开始每名队员先踢两脚球，后面过渡到一脚直接传球。

（2）接直传球的队员将球回传一次，由前者将球转移到对角，传球后同侧队员跑动换位。

三、情境训练

时间： 30 分钟

场地： 八人球场制全场

组织： 在场内不同区域摆放 1.5 米宽的小球门 6～8 个，全队分成三组，每组 6 人，首先指定某一队为防守方，另两队控球，当传球达到 5 次以后，控球队员可以快速运球通过场地内的任意球门，每次得 1 分，哪一队传控球失误，则该队立即转为防守一方（图 12-3）。

图 12-3

指导要点：

（1）每个人最多触球 3 次。

（2）无球队员积极跑位要球，持球者打开视野，注意观察，决策果断。

观察现场：

（1）限制个人控球次数，目的是让球更快地运转起来。

（2）无球队员在场上应通过加速、变向不断地跑位，并给予不同的指令或信号去要球，而不只是通过简单的声音交流。

四、比赛

时间： 25 分钟

场地： 20 米 × 30 米

组织： 根据训练人数可分成两个场地同时比赛，每个场地 5 对 5，两端球门线上各摆放三个球门（2 米宽），门前设 2.5 米的限制区，比赛中双方球员都不允许进入这个限制区内（图 12-4）。

图 12-4

指导要点：提前观察，快速传球与转移。

第十三课　阵地进攻（一）

一、热身

时间：15 分钟

场地：30 米 × 30 米

1. 无对抗整体传控球。

组织：场地的四角各设置 4 米 × 4 米的独立区域，每个区域内安排不同队的两名球员，场地中间两队人数均等（2 对 2、3 对 3 等），每队一球，进行无对抗传接球，中间区域的队员与边角区域的队员传球后快速换位，然后继续重复进行，两队同时开始（图 13-1）。

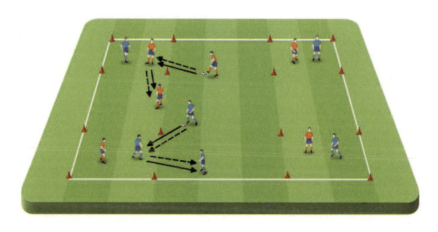

图 13-1

指导要点：持球队员不断观察寻找传球时机，无球队员积极跑动要球。

2.组织形式同上，两队共用一球，中间与四角各区域内两队队员形成对抗，进行连续传控球比赛（图13-2）。

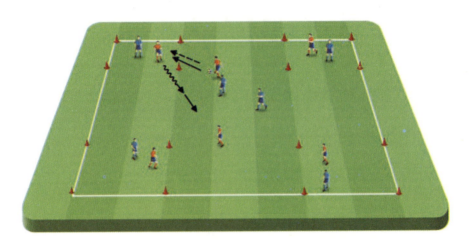

图 13-2

指导要点：中间接应队员要大范围地不断跑动，不断观察对手和队友的位置。

成功标准：4个边角区域连续各传1次得1分。

二、技术训练

时间：25分钟

场地：40米 × 40米

组织：6名球员在方形场地内循环传球，A传球给中路的E，E直接传球给F，然后F传球给另一侧的B，完成这些传球后，E与F交换位置，球员B控球后斜长传给对角的C，C接到球后从另一侧开始以同样的顺序传球，最后球员D控球，并斜长传给起始位置的A（图13-3）。

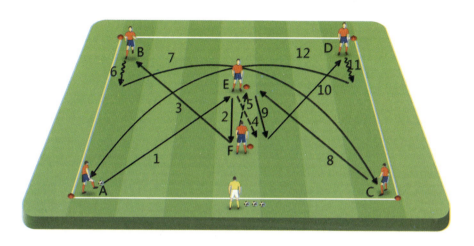

图 13-3

指导要点：

（1）接球前要主动向前迎球。

（2）要求处于中路的 E 和 F 一脚出球，两侧的四名队员最多两脚触球。

三、情境训练：8 对 8 占领区域

时间：25 分钟

场地：40 米 ×20 米

组织：将训练场地横向划分为均等的四部分，前后设计 2 米宽的得分区，每个区域内球员 2 对 2，队员只能在规定区域内活动，明确两队的进攻方向，进行整体攻防比赛（图 13-4）。

图 13-4

指导要点：

（1）合理地用身体护球。

（2）打开视野，不仅仅关注邻近区域的同伴位置。

成功标准：控球方必须连续传球经过全部 4 个区域后，运球到得分区才算得分。

四、比赛

时间：25 分钟

场地：八人制球场全场

组织：场地内设置 30 米 ×20 米的中间区域，开始时两队在此区域内进行传控球对抗，当控球方持球队员带球进入大场的一瞬间，其他所有球员可以立即解除区域限制，参与整体攻防，一次进攻结束后，双方回到中间区域重新开始（图 13-5）。

图 13-5

指导要点：

（1）在中间区域传球时，限制双方每名队员两脚触球，一旦解除区域限制，球员将不受触球次数限制。

（2）攻守双方注意力要高度集中，整体行动保持快速一致。

观察现场：这个练习对球员个人和球队整体能力的提升有很大的帮助，适用于整体的传控球、快速进攻以及协同防守等不同的训练主题。

第十四课　阵地进攻（二）

一、热身

时间： 15 分钟

场地： 30 米 × 30 米

组织： 全队分成人数均等的两组，一组在大圈外双手持球，另一组在大圈内来回跑动，在经过中心区域后加速跑向空位要球，接外侧队员的手抛球后回传，依次重复，完成所有动作后内外球员交换练习（图 14-1）。

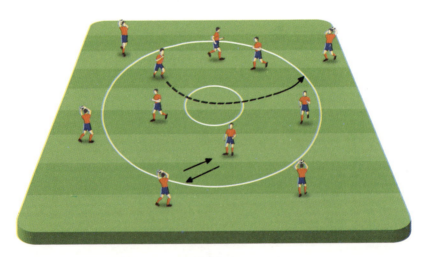

图 14-1

（1）左右脚内侧踢地滚球。

（2）左右脚内侧踢空中球。

（3）左右脚正脚背踢空中球。

（4）头顶球回传。

二、技术练习：基本传接跑位

时间： 20分钟

场地： 10米 × 10米

组织： 将球员分为三个小组，A，B，C分别位于场地的三个顶角处，A传球给B，并横向跑位，接B的回传球，完成一次墙式二过一后，斜传给对角的C，C再将球传给向前接应的B，然后向下直插，B将球快速斜传至C的跑动线路上，C最后接好球运到起点处排队，重新开始新的一轮（图14-2）。

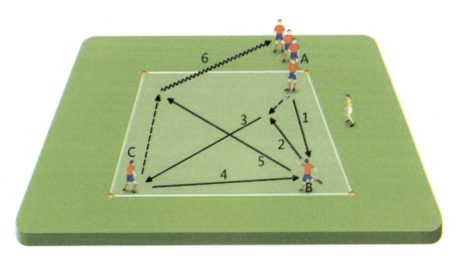

图 14-2

指导要点：

（1）每名队员最多两脚触球。

（2）完成传球后顺时针跑动轮转。

观察现场： 鼓励队员尝试左右脚的均衡训练，并用最快的方式完成技战术动作。

三、情境训练

时间： 35 分钟

场地： 50 米 × 30 米

1.7 对 7 整体传控球

组织： 在场地内划分 4 个面积均等的区域，攻守两端各 7 人进行整体传控球训练，队员可以不受区域的限制（图 14-3）。

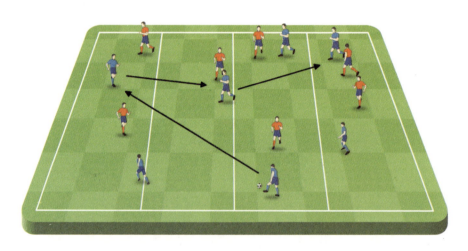

图 14-3

指导要点：

（1）每人从 3 脚触球过渡到两脚触球。

（2）无球队员积极跑动要球，攻防两端加强沟通呼应。

成功标准： 连续传球经过 4 个区域可以得分，分数可以累计。

2. 局部传控与渗透

组织： 场地同上，划分为中场、前后场以及底线得分区，场内 7 对 7，中场区域另外设两名自由人，与控球方保持一队，底线区域各设一名接球得分手（图 14-4）。

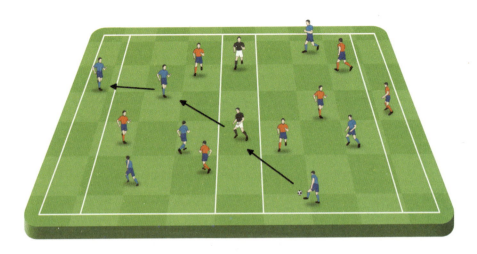

图 14-4

指导要点：

（1）无球队员积极横向跑位，拉出空位接球。

（2）注意传球的隐蔽性。

成功标准：

（1）后场球通过中间自由人组织连续向前传球，传到本方接球手的脚下得1分。

（2）通过前场队员或者自由人的回传球直接传到接球手脚下得2分。

进阶：中间区域可加一名防守队员对自由人进行干扰。

四、比赛

时间：20分钟

场地：50米×30米

组织：回到情境训练中7对7整体传控的形式，另外两边各设置3米宽的球门，加入守门员（图14-5）。

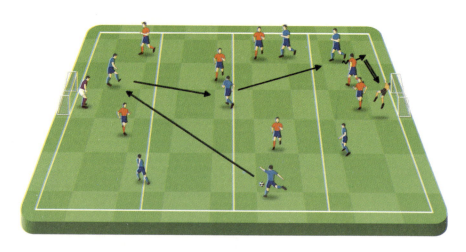

图 14-5

指导要点：

（1）每人两脚触球。

（2）努力尝试通过反复纵向传球不断渗透。

成功标准：

（1）连续经过 4 个区域的传递后形成进球，得 1 分。

（2）没有经过 4 个区域，但通过中路队员的回传球直接射门进球，得 1 分。

（3）上述第一点与第二点同时满足，得 3 分。

第十五课　反击（一）

一、热身

时间：15 分钟

场地：30 米 × 30 米

组织：将场地划分为 4 个面积均等的区域，每个区域内 4 人（图 15-1）。

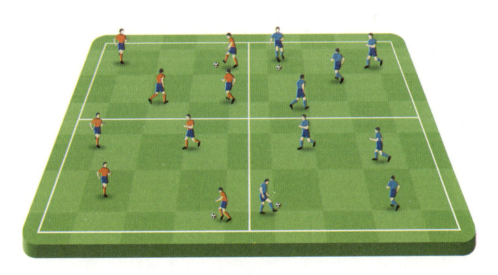

图 15-1

（1）每组一球，队员在区域内自由跑动传接球，每人两脚触球，然后换非惯用脚。

（2）加一些长传球，将球传给其他区域的球员并与之换球，传球前双方提前交流。

（3）每个区域内球员 2 对 2，一方连续完成 5 次传球得 1 分。

（4）在（3）的基础上，所有人保持在自己的区域内，所有人共用一球进行传控球比赛，成功将球从一个区域转移到另一个区域的同队队员得 1 分。

指导要点：不断跑动并抬头观察，在接应或转移时与相邻区域球员积极呼应。

二、技术练习

时间：20 分钟

场地：八人制球场半场

组织：两个球门间隔 30 米，所有队员在球门附近列队，A 组持球，先将球斜传给 B，然后从 B 的身后绕过，B 得球后快速运球向前，然后适时把球斜传给从身后跑向前方的 A，A 快速调整完成射门，然后双方互换角色（图15-2）。

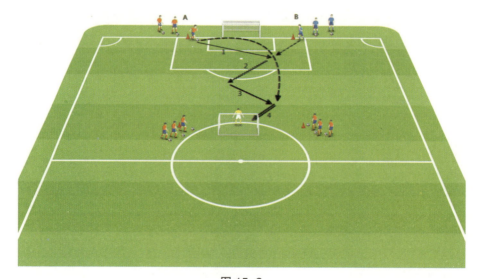

图 15-2

指导要点：

（1）两名队员跑动横向拉开间距，一次进攻在 6 秒内完成。

（2）传球队员要注意掌控传球距离与时机，并把球准确传到队友的跑动路线上。

（3）准备射门的球员只允许两脚触球。

三、情境训练

1. 持球发动反击的两种选择

时间： 15 分钟

场地： 八人制球场全场

组织： 在一侧罚球区内 4 对 2，人数较少的红队先控球，蓝队全力逼抢，蓝队断球后快速组织反击，红队被抢断后则需先快速绕过底线标志点再全速回防（图 15-3）。

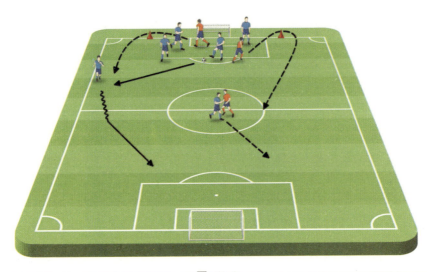

图 15-3

指导要点： 断球后的一瞬间如前方没有接应队员，持球队员要快速向前运球，如发现接应队员已经跑出空位则果断快速向前传球。

2. 不同位置发起的快速反击

时间： 20 分钟

场地： 八人制球场三分之二场

组织： 在八人制球场的中后场横向设置 5 米 × 5 米的三个独立区域，每个区域中的球员 2 对 1，中路设同样大小的区域，两组队员在此参与接应和防守（图 15-4）。

第一阶段：指定某一区域 2 对 1，人数少的蓝队先护球，红队将球抢断后快速向下，利用中间接应队员的传球过渡快速形成反击，以多打少。

第二阶段：在第一阶段的基础上，另一侧的一名队员迅速进入前场参与反击。

图 15-4

指导要点：

（1）传球快速、简练、果断。

（2）快速接应，充分利用场地。

（3）每次进攻在 8 秒内完成。

四、比赛

时间： 20 分钟

场地： 八人制球场全场

组织：根据人数将全队分成 3 组，每组 8 人，包括守门员，先指定两组进行 8 对 8 的比赛，第三组在场边等候，当场上某一组进球（或完成一次射门）后，场外教练立即传球给防守的一方，防守方得球后快速发动反击，而刚才进攻的一方就近退场，场外的另一组迅速进场防守（图 15-5）。

图 15-5

指导要点：所有队员保持注意力高度集中，行动一致并保持场上沟通。

观察现场：不断进行攻守轮转要求每个小组时刻保持高度的专注，这对提高队员的体能也非常有帮助。

第十六课　反击（二）

一、热身：影子运球

时间：15分钟

场地：八人制球场半场

组织：球员两人一组，每人一球，每组的第一名球员在前面运球，第二名球员尝试紧跟第一名球员并模仿他的各种动作（图16-1）。

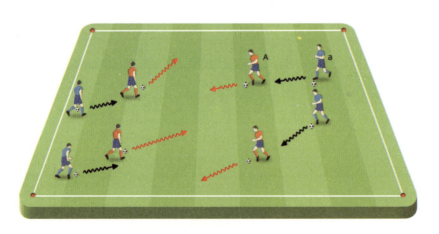

图 16-1

指导要点：

（1）第一名球员控球过程中尝试各种不同的加速、变向和假动作以摆脱对手。

（2）第二名球员一边控制住自己的球，一边要不断地观察、模仿身前球员的动作，并保证不被甩开。

观察现场：可指定某些假动作（身体虚晃／跨步／射门假动作）。

二、技术练习

时间：20 分钟

场地：八人制球场半场

组织：场地两端设球门和守门员，球门前罚球区外设两名进攻队员，其他队员成一队在边线外排列，场外队员持球，先与场内同伴进行传切配合，然后在底线处将球传中，场内两名队员交叉跑位抢点射门，传中队员捡球后到场地的另一侧排队（图 16-2）。

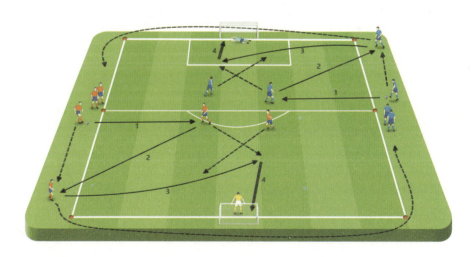

图 16-2

指导要点：

（1）每人一脚触球，注意传跑的时机。

（2）传中队员与抢点队员需时刻观察守门员的站位。

三、情境训练

1. 断球后的快速转移

时间：15 分钟

场地：30 米 ×30 米

组织：场内 6 对 4，人数占优的一队外侧站 6 人，中间设 1 人，控球时争取更多的传球，防守 4 人位于中部，当防守一方断球后，本方至少 1 名队员要迅速跑到边线外，接应自己队友的传球（图 16-3）。

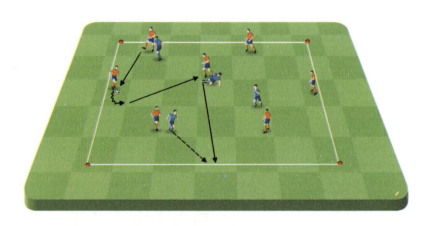

图 16-3

指导要点：防守方 4 人配合默契，战术执行坚决。

成功标准：人数占优的一方连续传球 20 次得 1 分；防守方断球后在边线外成功接到自己队友的传球得 1 分。

2. 快速转移与接应

时间：20 分钟

场地：60 米 ×30 米

组织：场内划分为左右面积相等的两个部分，两端设置球门与门将，首先在场地的一侧进行 5 对 5 的比赛，控球一方连续传球并伺机进攻对手球门，防守方在保证良好的防守位置的同时伺机抢断，防守队员一旦断球成功，迅速将球传给位于前场的教练，发动反击，此时就近的双方各三名球员越过中线参与攻防（图 16-4）。

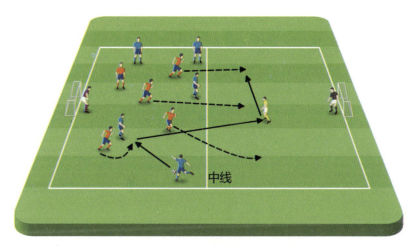

图 16-4

指导要点：

（1）防守方一旦断球要第一时间将球转移。

（2）攻守角色转换一定要快，反击需在 6 秒内完成。

四、比赛

时间：20 分钟

场地：50 米 × 30 米

组织：将场地横向划分为面积均等的三个部分，两端设球门和守门员，中间区域 3 对 3 进行比赛；另外在进攻区域，两个球队进行 2 对 1 比赛，在中场区域双方都尝试将球从两个标志桶中间传给本方前场队员，前场队员接球后快速完成 2 打 1（或者 2 过 1），射门得分（图 16-5）。

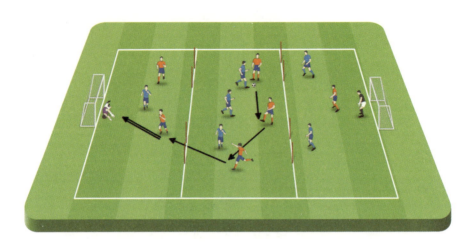

图 16-5

指导要点：

（1）中场区域队员断球后迅速展开反击。

（2）前场队员接球后在 6 秒内完成快速进攻。

进阶：

（1）1 名自由人位于中场区域，与控球方保持一队。

（2）允许 1 名中场队员回防，形成 2 对 2 阵型。

第十七课　区域防守（一）

一、热身：结合防守脚步的协调性训练

时间：15 分钟

场地：20 米 ×20 米

组织：将所有队员平均分成 4 组，每组进行以下四种动作 1 分 30 秒后，按固定方向轮换（图 17-1）。

（1）快速跑绕过障碍。

（2）侧身小碎步。

（3）加速向前接后退。

（4）侧滑步。

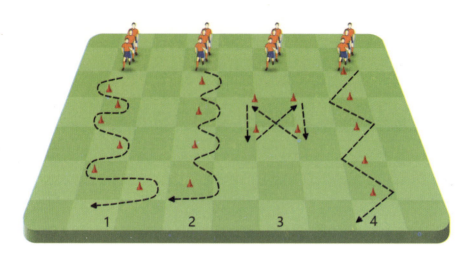

图 17-1

指导要点：降重心，脚下加快频率。

二、技术练习：防守的跑位练习

时间：30 分钟

场地：八人制球场半场

组织：明确在防守的时候如何跑位，A，B，C，D 每个点分别代表球所处的不同位置，当明确球的位置时，每组 4 个人迅速上前协同防守（图 17-2）。

图 17-2

（1）对边路的防守与保护。球在 A 处，则最左边的防守队员立刻上前控制对手，并把持球人逼向边线。防守 A 时：2，3 号球员过来保护，2 号与 3 号球员的位置大概在一条线上，身后的守门员在后面起到保护作用，4 号移动过来稍微提前，大概成一个弧形，球在 D 处时正好相反（图 17-3）。

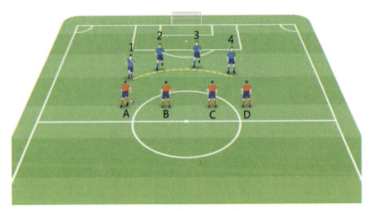

图 17-3

（2）对中路不同位置的防守与保护。球在 B 处时，就近的 2 号上前，1 号退后保护，3 号、4 号向有球一侧收紧；球在 C 处时同在 B 处时的练习方法（图 17-4）。

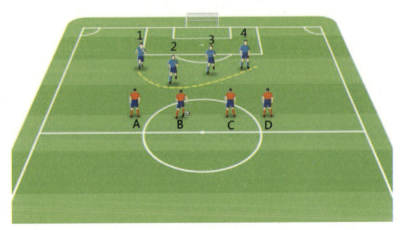

图 17-4

指导要点：

（1）离球最近的人要第一时间上前控制对手。

（2）明确防守时如何协同跑位，行动快速统一，彼此兼顾。

观察现场：球从哪个方向过来，就近的防守队员就要面朝来球方向侧身站位，始终占据球与本方球门的连线，协同保护的队员与第一个上抢的同伴距离不能太近，否则两个队员容易被同时突破。

三、情境训练：控制对手

时间：25 分钟

场地：40 米 ×20 米

组织：场内分成 4 个相同大小的区域，每个区域内球员 1 对 1 练习，防守队员对持球者进行紧逼，当球被转移到其他区域时，其他区域的防守队员继续施压，防守队员断球后迅速把球传到场外的中间人记为防守成功一次（图 17-5）。

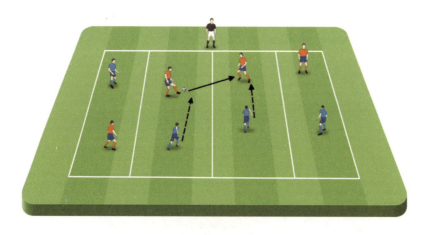

图 17-5

指导要点：

（1）每个区域的防守队员要人球兼顾。

（2）有球区域的防守队员要做到贴身逼抢，无球区域的防守队员要封堵传球线路。

四、比赛

时间：20 分钟

场地：40 米 × 30 米

组织：场内划分 3 个相同大小的区域进行 7 对 7 比赛，每个区域设 2 米宽的小球门，不设守门员，场上球员跑位不受区域和触球次数的限制（图 17-6）。

图 17-6

指导要点：根据规则统一战术思想，并促进球员不断思考。

成功标准：在两侧区域打入进球得 1 分，中间区域进球得 3 分。

第十八课 区域防守（二）

一、热身

时间：15分钟

场地：25米 ×25米

组织：场内有多名球员（6～8人）同时传递3个球，另外一组队员（3～4人）听到指令后迅速进入场地抓人，目标是触碰对方控球的队员，抓人者一旦成功触碰控球球员的身体，则两人互换位置和角色（图18-1）。

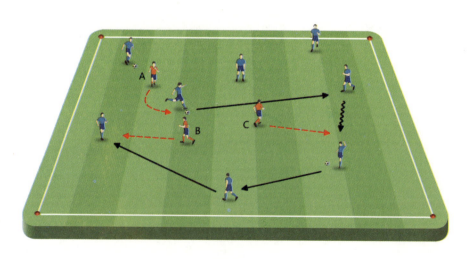

图 18-1

指导要点：

（1）控球队员要提前观察周围环境。

（2）无球队员要不断接应、拉开。

（3）抓人者要形成团队合力。

观察现场：可指定控球队员必须两次或三次触球后才能传球。

二、技术练习

时间：20 分钟

场地：八人制球场半场

组织：设置两个 5 米宽的进攻通道，将全队平均分成三组，每组 4 人，前两个组每人一球在通道起点处准备，另一组在限制区内面向场内准备防守。当教练指定一侧持球队员开始进攻时，防守队员迅速上前进入通道进行拦截与破坏，当球被踢出通道的一瞬间，另一侧的持球进攻队员迅速向球门进攻，前面已经完成防守任务的队员则迅速转移到另一侧区域进行 1 对 1 防守，完成一轮防守任务后角色轮换（图 18-2）。

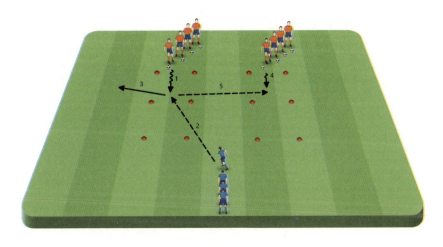

图 18-2

指导要点：防守队员转移时，首先抢占有利的防守位置，随后迅速贴近，适时出脚抢断。

观察现场：要把重点放在防守队员的个人技术方面，另外，连续多次防守位置的转移对防守队员的体能也提出了较高的要求。

三、情境训练

1. 协同保护

时间：15 分钟

场地：30 米 ×15 米

组织：将场地前后划分为三个区域，中间区域略小，在两边区域内 4 名球员自由传球，试图用地滚球把球传向另一侧区域，中间的 3 名防守队员整体移动进行拦截（图 18-3）。

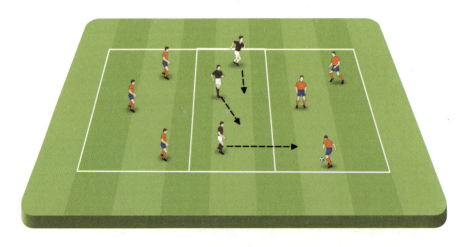

图 18-3

指导要点：

（1）中间防守队员要缩小间距，但又不能处在同一条线上。

（2）就近的防守球员积极向前，压缩持球人传球的空间。

（3）控球一方在本区域必须在 6 脚球以内将球转移到另一侧。

2.高位逼抢

时间： 20 分钟

场地： 八人制场地中间 40 米 × 30 米区域

组织： 以中线为准将场地分为左右大小均等的两个区域，双方各有 7 名球员。训练开始时在场地一侧先进行 7 对 4 的控球练习，控球方"只能 1 ～ 2 脚触球"。具体规则是，如果前一名球员触球两次才完成传球，那么随后的接球队员就必须一脚出球，防守一方尝试抢断并传球给自己半场的同伴，如转移成功，则抢断一方在另一侧区域形成新的 7 对 4（图 18-4）。

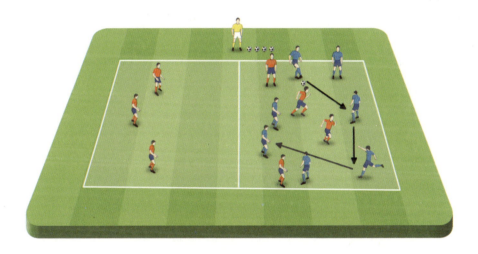

图 18-4

指导要点： 抢断后，人少的一队必须立刻快速转移，由守转攻，控球一方出现失误后要立即进行高位逼抢。

四、比赛

时间： 20 分钟

场地： 50 米 × 35 米

组织： 在横向较宽的场地内，将前后划分为三个区域，两端设有球门和守门员，场内 6 对 6，两队均由 4 名后卫和 2 名锋线队员组成，双方队员尝试在不同的区域全力逼抢并形成反击（图18-5）。

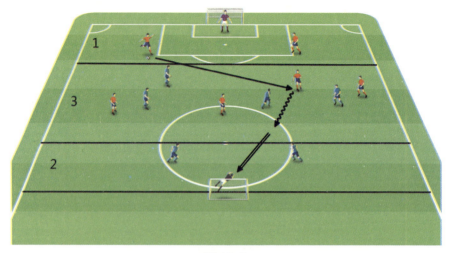

图 18-5

指导要点：

（1）整体行动的原则：围—逼—抢。

（2）要带着反击的目的去逼抢。

成功标准：

（1）红队与蓝队在区域3区断球随后进球得2分。

（2）红队在2区、蓝队在1区断球随后进球得3分。

（3）使用其他所有未列出的进球方式进球得1分。

第十九课　快速进攻

一、热身

时间：15 分钟

场地：八人制球场半场

组织：四人一组不受区域限制在跑动中传球，后方队员向中路队员直传，中路队员回传后，后方队员长传地滚球或起高球传向左右两边的任一队员，边路快下后接球，继续重复前面的练习（图 19-1）。

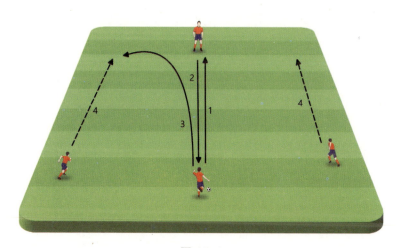

图 19-1

指导要点：短传时接球队员错开跑位，长传球要大力地滚球或过顶，传到边路队员的跑动路线上。

二、技术练习

时间: 20分钟

场地: 八人制球场半场

组织: 从中路到边路布置4个传球点,每个点两人,按规定方向传球,每个点上的队员传球后跑到下一个位置进行轮换(图19-2)。

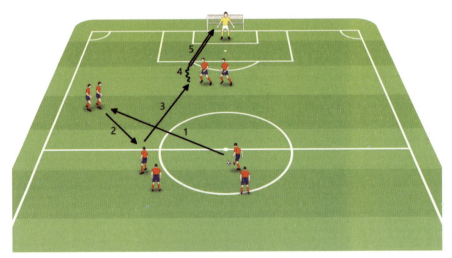

图 19-2

指导要点:

(1)除射门队员两脚触球外,其他位置球员要求一脚传球。

(2)接球队员触球前保持原地跑动。

三、情境训练

1.快速转移

时间: 15分钟

场地: 40米×20米

组织: 场内4对4或5对5,所有队员处于自己的区域内,两边底线设接应的同伴，通过中间球员的跑动、接应，将球传给底线同队队员（图 19-3）。

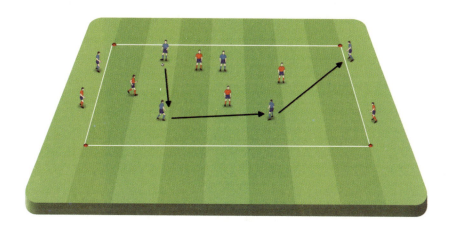

图 19-3

指导要点：

（1）每一次发起进攻需要在 5 秒内完成。

（2）两个底线队员之间不得直接传球。

成功标准：球从一侧底线通过中间过渡快速传给另一侧底线队员得分。

观察现场：如果想把进攻变得更简单可以加入自由人，始终与控球队员保持一队。

2. 边路突破形成快攻

时间：20 分钟

场地：八人制球场半场

组织：在场地的一侧接近中场的位置设一个 5 米 ×5 米的区域，首先在此区域进行 2 对 1 练习，进攻方突破防守后快速向下，防守的队员留在区域内，与此同时场地另一侧的一名防守队员迅速回防，开始控球的两名进攻队员与中路的队友形成 3 对 2 的快速进攻局面（图 19-4）。

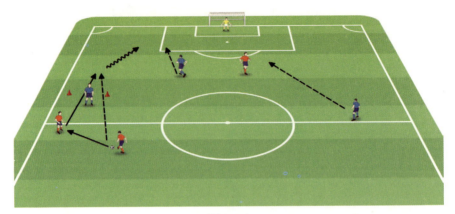

图 19-4

指导要点：当球离开边路小区域的瞬间开始计时，要求一次进攻要在 6 秒内完成。

进阶：在上述练习内容的基础上，有球一边防守球员也参与支援，形成 3 对 3 的局面。

四、比赛

时间：20 分钟

场地：八人制球场全场

组织：场内 8 对 8 包括两名守门员，两队队员根据 3—3—1 或者 2—3—2 阵型站位，开始时每队一球进行自由传控球，当听到教练给出进攻方向的指令时，该进攻方向的队伍迅速组织快攻，而另一队立刻丢下脚下球，展开防守（图 19-5）。

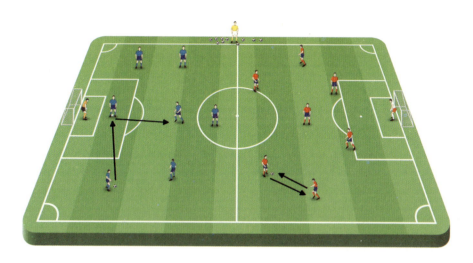

图 19-5

指导要点：

（1）接到指令后控球方要快速接应与转移。

（2）每次快攻需在 8 秒内完成。

总结提炼： 快速进攻对球员的个人能力要求较高，场上的所有队员应保持注意力高度集中，要善于分析场上的形势，持球队员需要时刻观察场上球、球门、同伴和对手的移动情况，瞬间做出决策。

第二十课　八人制的个人能力提升

一、热身

时间：15 分钟

场地：20 米 × 20 米

组织：场地外侧根据训练的需求设置不同的辅助器材，如绳梯、标志杆、锥桶以及栏架等，中间四名球员持球面向四个对角，其他外侧队员每完成一组身体素质练习（或者越过障碍）后与中间队员连续快速传接球两次，然后依次循环（图 20-1）。

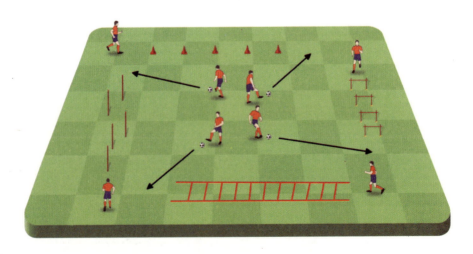

图 20-1

指导要点：

（1）每一组体能练习要以最快的速度完成。

（2）外侧队员积极上前要球，而不是停在原地。

观察现场：

（1）根据不同需要和训练器材，设计多种训练方案。

（2）强化动作质量，结合有球训练更可提高体能练习的实效性与趣味性。

二、技术练习：短传与接应

时间： 15 分钟

场地： 30 米 × 30 米

组织： 在场地内分成四个小区域，每个区域双方各站一名队员，同队之间连续跨区域传球，同区域双方队员之间不得相互干扰（图 20-2）。

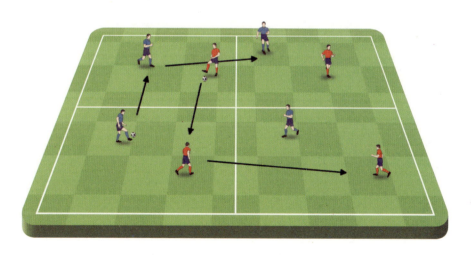

图 20-2

指导要点：

（1）控球队员要提前观察并选择合适的传球路线。

（2）无球队员在各自区域内积极跑位要球，应很好地占据空间。

进阶：双方中间各增加一名自由球员，不受区域的限制，加强传球的频率和短传的接应。

三、情境训练

时间：40分钟

场地：15米 × 15米

1.有方向性的接球与摆脱

组织：场内设一有守门员的球门，球门对面底线外有一名进攻队员，身后两米位置跟随另外一名防守队员，两个边线外各有一名传球者，当底线队员听到指令后快速进入场内，并主动向一边球员要球，同时防守队员全力追逐拦截，接球者在接球的瞬间通过有方向性的一脚触球摆脱身后的防守并形成射门。同时，一名防守者全力回追（图20-3）。

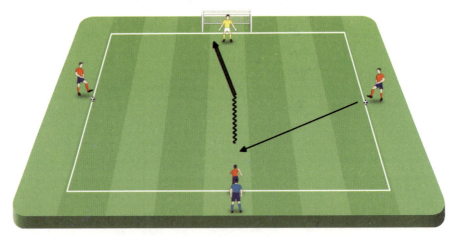

图20-3

指导要点：

（1）边路队员要将球传到接球者的跑动线路上。

（2）接球队员第一脚触球要有明显方向变化，并在两脚内完成射门。

观察现场：场外队员可以在两边交替传球，使接球者的左右脚都能得到强化训练，对一些能力较强的球员也可以传一些空中球，鼓励队员在接球前做一些身体的假动作。

2. 强化身体的护球能力

组织：场内四名队员自由控球，场外分成若干小组，每组四人，当听到教练的指令后，第一组的四名防守队员迅速进入并进行逼抢，要求 10 秒内完成抢断，没有被抢断的队员继续在场内控球，进行下一轮练习（图 20-4）。

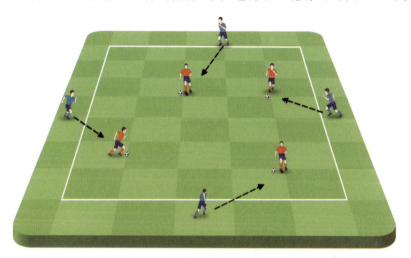

图 20-4

指导要点：持球队员充分利用场地摆脱对手并全力护球，鼓励身体对抗。

观察现场：可增加难度，要求中间的队员只能用左脚或者右脚控球。

3. 头球的训练

组织：场地中间形成 4 对 4 的局面，两端设 3 米 ×2 米的球门和守门员，比赛过程中只允许用手或头传球，有效的进球方式是头球进攻和接到同伴的抛球后在球落地前用脚抢点射门（图 20-5）。

图 20-5

指导要点：

（1）头球时双眼紧盯来球，动作发力充分。

（2）头球队员要张开手臂，扩大护球范围。

成功标准： 头球进球得3分，用脚射进得1分。

观察现场： 开始时可降低难度，要求队员传球时不能跑动，然后再过渡到跑动中进攻。

四、比赛

时间： 20分钟

场地： 40米 × 20米

组织： 场内5对5，包括两名守门员，中间设10米 × 10米的正方形限制区，该区域接近场地宽度的一半，规定双方队员不可以在此区域里停球和传球，强化运动员侧方接应和长传转移的能力（图20-6）。

图 20-6

指导要点：

（1）充分利用场地的跨度和纵深。

（2）掌握好不同距离传球的力度和准确性。

观察现场： 根据现场队员训练的情况，可以随时调整难度，如开始时可以允许球员进入这个区域，但只能一脚（或两脚）触球，然后再加大难度。

第二十一课　八人制整体向前推进

一、热身

时间： 15 分钟

场地： 20 米 ×20 米

组织：

无球：将场内球员平均分成四组，每组四人，所有队员在各自区域内自由跑动，并结合摆臂、前后踢腿、后退跑、侧滑步、加速冲刺等动作进行热身。

有球：每组一球（图 20-1）。

（1）在各自的区域内穿插跑动，连续传接球，每人最多两脚球，然后换非惯用脚。

（2）用身体的不同位置触球，使球保持在空中不落地。

（3）不同区域间传球转移并整体换位。

（4）每个区域内 2 对 2 进行比赛，控球一方连续完成 5 次传球得 1 分。

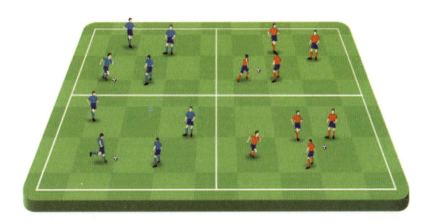

图 20-1

指导要点：

（1）球员在传接球过程中要不断交流并抬头观察场上形势。

（2）与邻近区域换位时要从侧方进入。

二、技术练习

时间：25 分钟

场地：八人制球场半场

组织：在场地的一端底线外，队员每人一球，依次向前传球跑位，A1 传给 A2，A2 向前跑动接回传球，并继续传球给 A3，A2 传球后从 A1 身后斜向跑向中路，接 A3 的传球后射门，A3 传球后快速捡球，并回到起点重新开始新的一轮练习，场地两端可分组同时进行训练（图 20-2）。

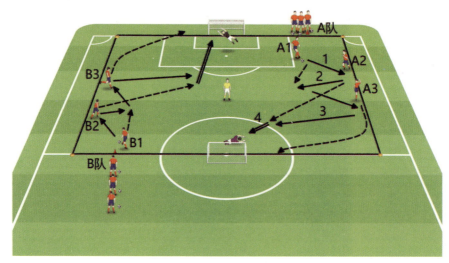

图 20-2

指导要点：

（1）传球准确，力度适中。

（2）所有球员要不停地轮换位置。

观察现场：

（1）本练习可以从底线的两个对角处两组同时开始，前一组捡球的人可以直接到另一组进行轮换。

（2）逐渐加大难度，要求队员一脚传球或者在两脚内完成射门。

三、情境训练

1. 地面转移与渗透

时间： 15 分钟

场地： 10 米 × 30 米

组织： 在场地内纵向设置四个相同大小的区域，前、后两端各安排两组控球队员，每组三人，中间两个区域各安排一名防守队员，所有队员不能离开各自的区域，开始时控球方在一端传球，同时试图尽快将球大力转移给另外一端的队友，防守队员在中间横向移动，全力拦截（图 20-3）。

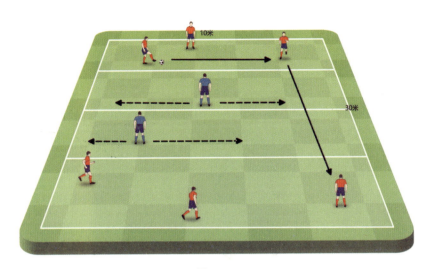

图 20-3

指导要点：

（1）要求控球一方在 6 秒内完成转移。

（2）以地滚球形式传球。

进阶：每组各减少一名两端的控球队员，并将其安排在中间的两个区域内，训练中双方同样不能出区域，通过连续接应、回传完成转移。

2.利用前场策应向前推进

时间：15 分钟

场地：40 米 ×20 米

组织：在场地中间 4 对 4，两边场外各设置 2 名自由人与控球方保持一队，另外每方设 1 名队长站到对方球门线上，球门宽 3 米，两侧小球门宽 2 米（图 20-4）。

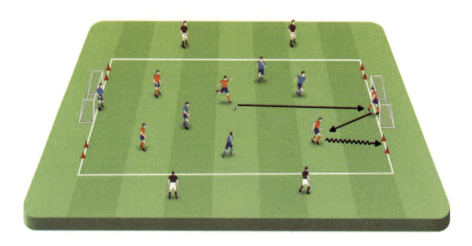

图 20-4

指导要点：

（1）双方队长只能在球门线上移动。

（2）自由人不能将球直接传到队长脚下。

成功标准：

（1）控球方将球传到本方队长脚下得 1 分。

（2）本方队长在球门线上一脚回传后，场内同队队员迅速接球通过两侧的小球门得 2 分。

（3）前面两种情况可以累计得分。

四、比赛

时间： 20 分钟

场地： 八人制球场全场

组织： 场内 8 对 8，包括双方守门员，两个边线分别设一条 4 米宽自由通道，每边通道内各有双方一名队员，其他队员不得进入（图 20-5）。

图 20-5

指导要点：充分利用通道内队友的支援不断渗透向前推进。

第二十二课　八人制边路进攻（一）

一、热身：三人间的传球跑动

时间：15 分钟

场地：八人制球场全场的两个边路

组织：以处于场地的左侧边路为例，三人一组成三角形站位，每次传球跑位由拖后的队员发起，A 向边路 B 身前传球后，从其身后弧线跑过，B 跑动中直接传球给中路的 C，C 不停球一脚直接斜传给边路快下的 A，完成一组练习，下一组练习开始前，先把球交给拖后的队员，然后重复前面的三脚传球（图 22-1）。

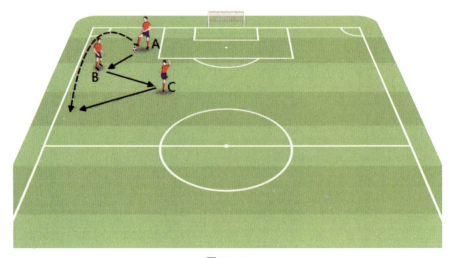

图 22-1

指导要点：

（1）前两脚短传需要传脚下球，第三脚斜传需要快速传到 A 的跑动线路上。

（2）B 在接球后要向 C 的方向跑动，假装接应，同时为 A 的边路快下留出空间。

观察现场：当三人的固定跑动传球熟练之后，可以尝试让发起传球的 A 自己决定传球给 B 还是给 C，无论给哪一个队员传球，他都要快速从接球的队员身后跑过，准备向下插入接球。

二、技术练习

时间：30 分钟

场地：20 米 × 20 米

1.菱形传球（套边插上与第三人跑动）

组织：球员 A 传球给球员 B 并从其身后套边，球员 B 接球后传球给球员 C，球员 C 再将球传到球员 A 的跑动线路上，球员 A 接球后将球传给另外一端的球员 E，并跑到 E 的位置，从而完成一次完整的传球跑位（图 22-2）。

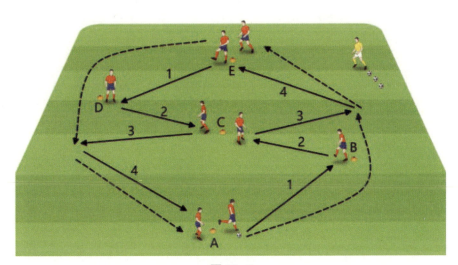

图 22-2

指导要点：

（1）准备套边的队员传完球后要紧贴自己队友的身后以最快的速度跑过。

（2）球员 B 和 C 的传球时机要根据 A 所处的位置来决定，如果 A 仍然处于套边跑动中，必须延迟传球。

观察现场：

（1）可改变套边跑动的方向，使队员的双脚都能得到锻炼。

（2）不断提高要求，从两脚出球到一脚出球。

2.矩形传球：套边插上与纵深传球

组织：球员 A 传球给球员 B 并且套边球员 B，B 将球停向接下来的传球方向并传球给 C，球员 C 把球传到 A 的跑动路线上，然后球员 A 传纵深球给球员 D，A 占据 C 的位置，C 占据 B 的位置，而球员 B 占据球员 A 的起始位置，接下来球员 D 按照之前 A 的顺序传球，依次循环下去（图 22-3）。

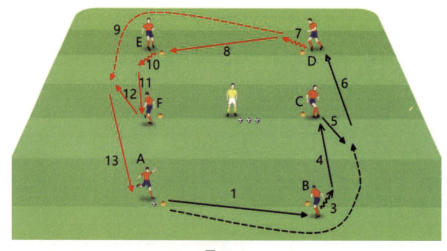

图 22-3

指导要点：

（1）外侧球员要把球停向传球方向。

（2）注意套边跑动及传球时机的把控。

观察现场：

（1）改变传球的方向。

（2）规定触球的次数：一脚直接传球或两次、三次触球。

三、情境训练

时间：25分钟

场地：八人制球场半场

1.从外侧发起的进攻

组织：在进攻端的场地一侧，中路队员快速将球传向边路的队员 A，此时如果对方防守队员已经到位，A 没有快速向下的空间，则先把球控制下来，此时前场的队员 B 快速向队友 A 靠近支援，并试图吸引对方的防守队员，然后与 A 形成短传二过一突破（图 22-4）。

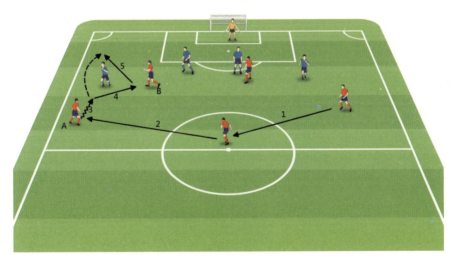

图 22-4

2.从内侧发起的进攻

组织：中路队员将球传向边路队员 A 的同时，球员 B 迅速跑弧线绕过边路防守队员，并从两名防守队员之间快速向下插入，A 在边路直接将球快速斜传至 B 的跑动线路上，直接攻击防守队员的身后（图 22-5）。

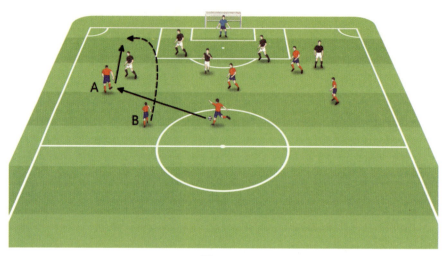

图 22-5

指导要点：

（1）尽量保证一脚触球。

（2）向下插入的队员注意跑动时机，既要有隐蔽性又不能越位。

四、比赛

时间： 20 分钟

场地： 八人制场地全场

组织： 场地两端设球门和守门员，场地中间球员形成 7 对 7，在中线靠近边路的位置各设置一条宽 6 米的通道，控球一方试图以带球或者传球的方式穿过通道并进入前场（或者无球队员从该区域快速通过并接到自己本方的传球），最终完成射门（图 22-6）。

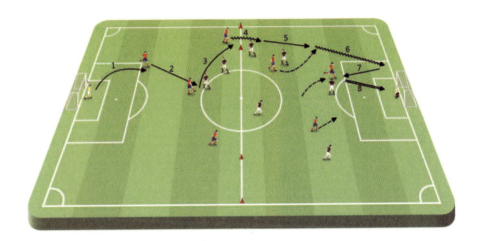

图 22-6

指导要点：

（1）球的快速转移。

（2）控球球员进入前场后，队友立即支援，尽快完成射门。

成功标准：

（1）以带球或者传球的方式穿过通道，或者无球队员从该区域快速通过并接到自己本方的传球得1分。

（2）进入前场后完成射门再加1分，射进球门加3分。

第二十三课　八人制边路进攻（二）

一、热身

时间： 15 分钟

场地： 20 米 × 20 米

组织： 全体队员在场内自由慢跑，听到教练的指令后，根据场上的标志盘的颜色迅速抢点，每个颜色的点只能对应规定的人数，如白色点 3 人、蓝色点 4 人、红色点 6 人，另外还可以结合场内外相关器材设备，教练发出指令后，队员迅速抢点触碰指定的物体后返回（图 23-1）。

图 23-1

指导要点：

（1）慢跑时结合一定的动态拉伸。

（2）从热身阶段开始，球员就要非常专注。

观察现场：在根据颜色抢点时教练可报颜色也可报数字，训练球员的反应速度。

二、技术练习：边路发动的长传进攻

时间：20分钟

场地：八人制球场的三分之二场

组织：六人一组，三名队员先在中圈处进行移动中的传接球，另一名处于边路防守位置的队员伺机向中路队友的身后跑动，此时当面向对方球门的队员接到队友的回传球后，一脚大力斜长传，将球传到套边队员的跑动线路上，边路队员快下得球后立即传中，其余门前两名队员从罚球区外向门前移动并抢点攻门（图23-2）。

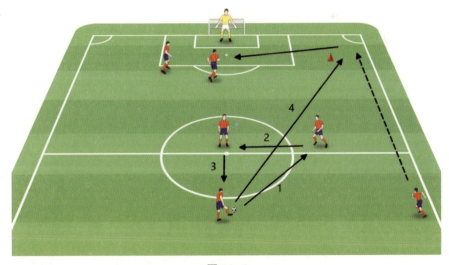

图 23-2

指导要点：

（1）注意长传球的时机和力度。

（2）下底的队员最多两脚触球。

观察现场：

（1）需保证传球质量，要不停地重复练习，可由简入难，两边不停地轮换。

（2）当两边传中的质量提高以后就要关注球门前面的情况。

三、情境训练：利用人数优势快速进攻

时间： 35分钟

场地： 八人制球场的三分之二场

组织：

（1）在后场靠近中线处的边路区域（以左侧为例）形成2打1，当成功突破防守后，其中一名进攻队员带球快速向下并与中路接应的队友再次形成2打1局面，左右两边交替训练（图23-3）。

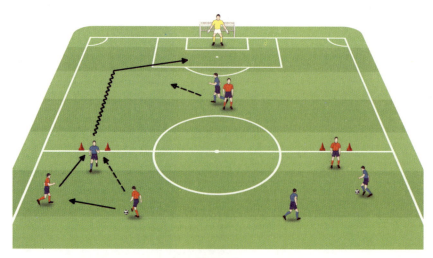

图 23-3

（2）在（1）的基础上，当持球队员越过中线的瞬间，无球一侧的一名防守队员快速回防参与防守形成2对2局面（图23-4）。

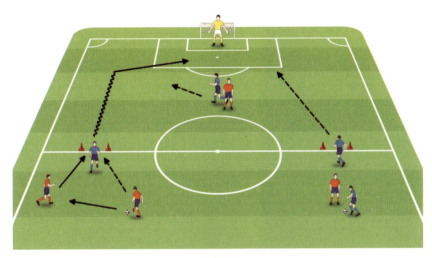

图 23-4

（3）在（2）的基础上，有球一侧的两个进攻队员同时快下，形成 3 对 2 局面（图 23-5）。

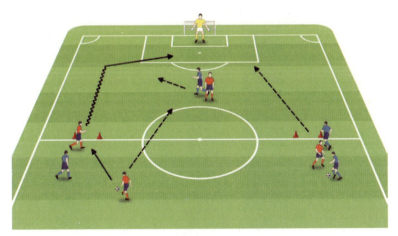

图 23-5

指导要点：

（1）持球队员越过中线的瞬间开始计时，控球方要在 6 秒内完成快攻。

（2）通过无球队员的跑位和接应为进攻创造空间。

（3）以多打少要以快速传球为主要进攻手段。

观察现场：本练习要求攻守的角色转换一定要快，教练员尽量关注到攻守两端的表现。

四、比赛

时间： 20 分钟

场地： 八人制球场全场

组织： 全场 8 对 8，两个边路各设 5 米宽的区域作为自由通道（图 23-6）。

图 23-6

指导要点：

（1）进球之前球必须经过两个通道。

（2）进入通道内的边路球员只允许两脚触球。

第二十四课 八人制由攻转守

一、热身

时间: 15 分钟

场地: 20 米 ×20 米

组织: 将全队分成三组,每组 5 ~ 6 人,同组队员共用一球,在场内跑动同时用手传接球,球不能落地(图 24-1)。

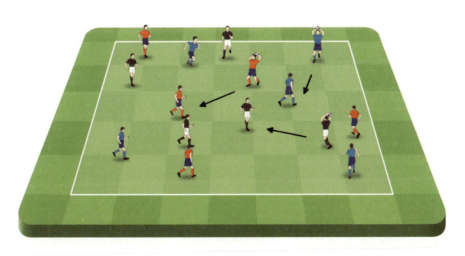

图 24-1

指导要点:

(1)充分利用场地。

（2）积极跑位，使用不同的传球路线。

进阶：

（1）同队传球的同时，拦截其他队的传球。

（2）规定对象的传球和接球，如红队只能传黑队，接蓝队的球；蓝队只能传红队，接黑队的球。

二、技术练习

时间：20 分钟

场地：15 米 ×15 米

组织：场内摆放四个标志点组成梯形，两组队员分别位于场外相对站立，开始时 A 带球跑向 B，B 以最快的速度与 A 交换位置后继续冲刺绕过下方的标志点，随后用左脚接 A 的传球，并将球传到 A 的初始位置上，此时 A 已经再次回到这个位置，B 继续冲刺绕过对面的标志点，并用他的右脚接球，然后传球给站在 B 初始位置的 A，最后两名球员互换位置排到队尾（图 24-2）。

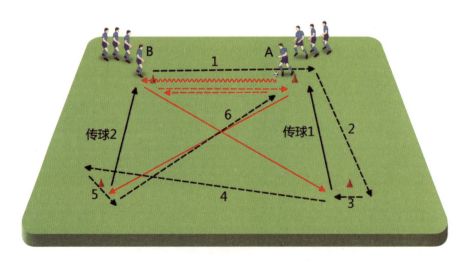

图 24-2

指导要点：队员 A 带球换位后，需在两点间连续跑动，队员 B 跑动时要注意速度和节奏的变化，强化两只脚的均衡训练。

三、情境训练

1. 攻防的快速组织

时间：15 分钟

场地：30 米 × 15 米

组织：右边半场 6 对 3，人数占优者为首先控球方，当防守队员抢断球后，快速将球传到左边半场，右边就近的 3 名进攻队员迅速转移到左边，立刻组织防守，形成新的 6 对 3，依次类推（图 24-3）。

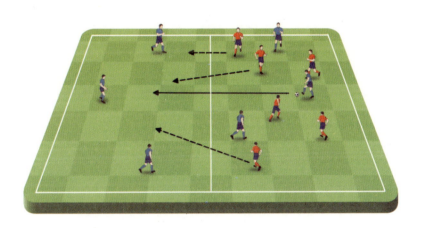

图 24-3

指导要点：

（1）以少防多时要积极抢断。

（2）控球方一旦被断球后，要迅速组织反抢，阻止对方将球转移。

成功标准：控球方连续完成 8 次传球得 1 分，可累计得分。

2. 快速回防与补位

时间：20 分钟

场地：八人制球场半场

组织：在半场边线外的二分之一处和中线位置分别设左右两名防守队员，在训练的第一阶段，进攻方在中场不同的位置（A 点、B 点和 C 点）发起进攻时，边路处于 1 处的防守队员根据场上形势，只能有一人进入参与防守，形成半场 4 对 4。

在训练的第二阶段，进攻方在中场不同的位置发起进攻时，边路处于 2 处的一名防守队员在本方人数处于劣势的瞬间迅速回撤支援（图 24-4）。

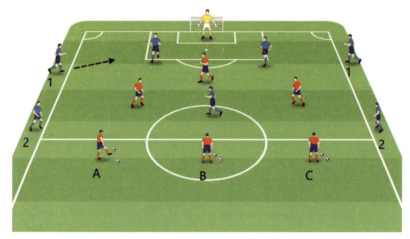

图 24-4

指导要点：

（1）控球方需在 6 秒内完成进攻。

（2）防守方要快速收缩补位，等待场外队员支援。

四、比赛

时间： 20 分钟

场地： 八人制球场全场

组织： 球员在场内 8 对 8，门前设 10 米限制区，双方在中间区域控球时所有队员都不能离开此区域，进攻方一旦传球或带球穿越前场限制线，攻防双方立即解除区域限制（图 24-5）。

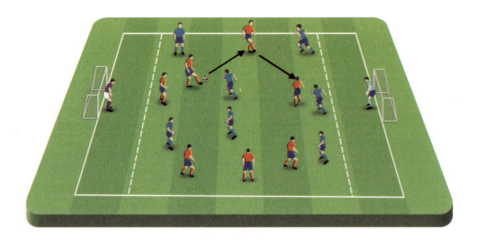

图 24-5

指导要点：

（1）前场越线后进攻时间为 6 秒。

（2）防守端防线的整体移动和补位。

第二十五课　八人制由守转攻

一、热身

时间： 15 分钟

场地： 30 × 25 米

组织： 场内球员被分成若干个三人组，每组一个球，三个人来回传球而且每次必须环绕三角形区域一周，完成环绕一周后，再以另外一个三角形区域为目标（图 25-1）。

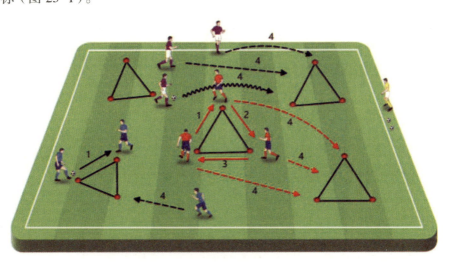

图 25-1

指导要点：

（1）每人最多两脚触球。

（2）在区域转换时也要不停地传球。

观察现场：以比赛的形式组织训练，哪组最先传球环绕三角形区域 10 次哪组即可赢得比赛。

二、技术练习：控制对角高球

时间：20 分钟

场地：八人制球场半场

组织：场地内每两名球员为一组，分别处于四个顶角位置，球员 A 向对角传出高球，并随球跑动到对面，球员 B 接球后快速带球向下移动，两组对角同时练习（图 25-2）。

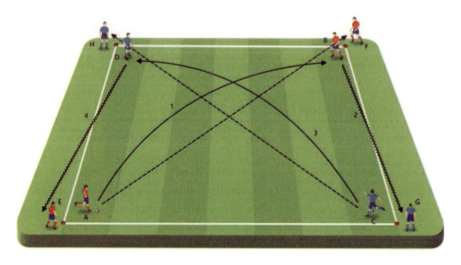

图 25-5

指导要点：

（1）高球要过顶。

（2）球员应积极上前接球，抢第一落点。

进阶：中间增加四名球员，通过回传接应外侧队员。

三、情境训练

时间： 35 分钟

场地： 30 米 × 40 米

1. 断球后的迅速支援

组织： 在橙队后场设置 20 米 × 10 米区域，在此区域安排两名防守队员和一名进攻队员，首先进攻从白队守门员发起，由后场队员将球传给前场区域的同伴，前场的白色队员接球后，两名防守队员 B 和 C 迅速进行抢断，断球后第一时间将球传给外侧接应的队友 A，B 与 C 任意一人上前支援 A，形成快速反击，同时位于前场的白色防守队员也要立即回撤参与防守（图 25-3）。

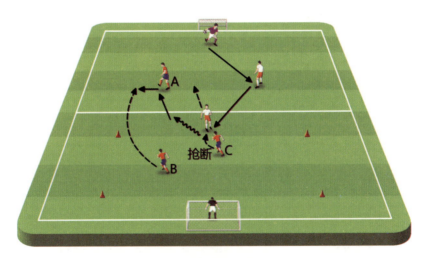

图 25-3

指导要点：

（1）在 2 对 1 的防守区域内，要求防守队员 5 秒内将球抢断。

（2）防守队员断球并将球传给前方的队友后，要立即向前，尽快形成前场的 2 打 1，要在 5 秒内完成快攻。

2. 收缩防守创造反击空间

组织： 把场地划分为均等的三个区域，两端设球门与守门员，场内 3 对 2，白队首先控球，由守门员开球发起进攻，红色队员撤到自己的中后场组织防守，当白色队员带球越过中场区域的瞬间，位于后场的防守队员 B 与 C 立即上前抢球，并不断观察队友 A 的动向并伺机传球，每次完成进攻后由守门员重新开球（图 25-4）。

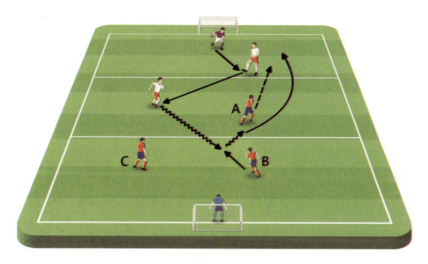

图 25-4

指导要点：

（1）防守从中后场开始，以便为前场留出反击的空间。

（2）中前场的队员 A 要注意不断跑位、横向拉开，避免越位。

观察现场： 开始训练时教练尝试不要给予队员过多的指导，可以制订主题，让队员自己去解决问题，在队员的自主训练过程中慢慢给出建议。

四、比赛

时间： 20 分钟

场地： 八人制球场全场

组织： 将场地划分为三个不同的区域，中间区域偏大，场上 7 名队员在每个区域中分别形成 2 对 2、3 对 3、2 对 2 的比赛（图 25-5）。

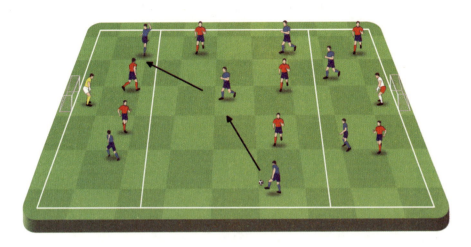

图 25-5

指导要点：

（1）每名队员根据各自位置处于指定的区域内。

（2）利用相邻区域的支援形成控球优势。

（3）就近防守队员要第一时间对持球队员形成压力，其余位置队员要封锁传球线路。

观察现场： 重点关注的是防守队员的协同分工，尤其是门前2对2防守队员的策略选择。

第二十六课　八人制创造人数优势打破防守平衡

一、热身

时间：15 分钟

场地：30 米 × 30 米

组织：同组队员之间连续传球，内侧队员一边带球一边寻找外侧的接应点，外侧队员无球时在两个标志物之间或左右移动要球（图 26-1）。

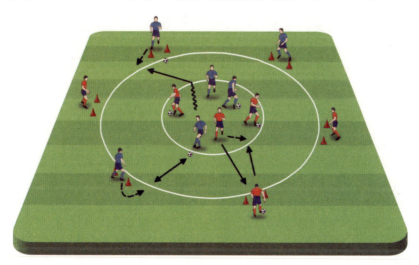

图 26-1

观察现场：

（1）以地滚球形式传接球。

（2）内侧球员控球时要不停地抬头观察以获取信息，外侧球员寻找到前方接应人的位置再回传。

二、技术练习

1. 传切跑位练习

时间： 10分钟

场地： 八人制球场半场

组织： 球门前20米处左、中、右放置3组障碍物，每个障碍物前安排一名球员作为前方接应人，在中场附近另外有两名队友，训练按左、中、右的顺序依次进行。中场球员向前方接应人直传，前方队员回传后转身反跑，中场接球人快速运球向前，寻找合适的时机再次将球直塞，反跑的队员接球后迅速射门（图26-2）。

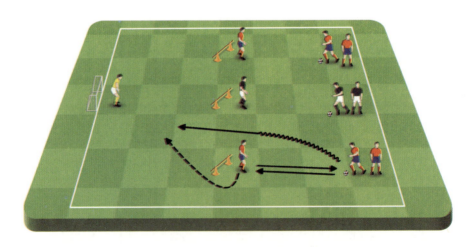

图26-2

指导要点：

（1）反跑队员与传球队员要错开跑位，形成一个侧面的传球角度。

（2）射门的球员最多三脚触球。

2. 摆脱防守和第三人跑位

时间：15 分钟

场地：20 米 × 50 米

组织：场内靠近三个顶角处分别放置假人防守队员，A 带球向前，并传球给 B，然后继续侧向跑动，B 从防守队员身后快速启动摆脱，回传球给 A，A 继续斜传给另一侧的 C，这时 C 已经从防守队员身后摆脱，并把球传给跑向自己的 B，B 继续以相同的动作步骤传给另一侧的 D，在接到最后一脚传球后，D 将球带回起点（图 26-3）。

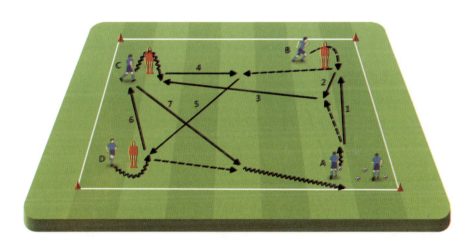

图 26-3

指导要点：

（1）用左右脚朝一定角度传球，并远离防守队员（假人）。

（2）集中注意力，做高质量传接与跑位动作。

三、情境训练

1. 吸引防守拉开空位

时间：15 分钟

场地：20 米 × 30 米

组织：将场地前后分成三个面积均等的区域，场内 4 对 3，另一名队员处于中间区域的边线外侧与人数占优者一队，并连续向场内队友传球，练习时规定在有球区域至少要保证有两名防守队员，控球队员利用人数优势不断转移（图26-4）。

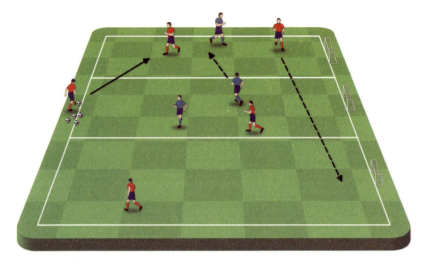

图 26-4

指导要点：

（1）防守队员快速移动，在有球区域保持对控球队员的压迫。

（2）进攻一方要清楚在人数占优的情况下如何拉开防守，快速转移。

2. 以多打少快速进攻

时间： 15分钟

场地： 八人制球场半场

组织： 用一个中间宽3米的通道把两个训练场地隔开，这两个训练场上都有一个大球门和两个小球门，在教练给出信号后，处在通道内边线附近的两名球员 A 和 B 朝彼此运球，当球员 A 突然做出向左边或者右边场地运球的决定时，球员 B 要立即做出反应并向另一场地运球，两个场地上随之形成3对2的比赛，控球队进攻大门，人少的一方则尝试断球后向小球门反击（图26-5）。

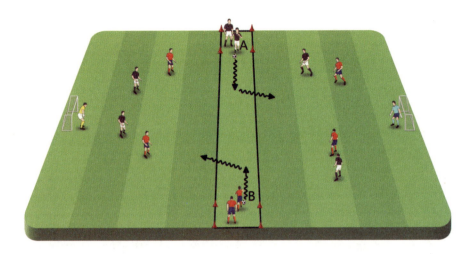

图 26-5

指导要点：无球队员要迅速做出反应，正确评估形势，并且确保他们处于球队中恰当的位置上。

观察现场：

（1）教练改变或调整启动比赛的信号（视觉信号 / 听觉信号）。

（2）改变球员的比例（4 对 3 或 5 对 4）。

四、比赛

时间：20 分钟

场地：八人制球场半场

组织：将场地横向划分为 15 米、30 米和 15 米宽的区域，双方按 2—3—2 的阵型站位，开始时规定每名队员分别处于指定的范围内，而只有持球人才能穿过区域，在控球区域内创造人数上的优势（图 26-6）。

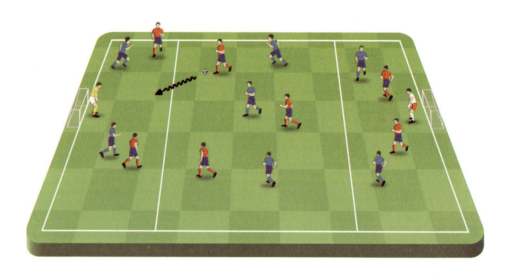

图 26-6

指导要点：

（1）持球队员要快速向前，形成进攻方人数上的优势。

（2）尝试利用后方支援参与进攻。

第二十七课　定位球技战术——界外球

一、热身

时间：15 分钟

场地：20 米 × 20 米

组织：所有队员每人一球，四组同时进行以下项目，不断循环（图 27-1）。1：连续绕障碍。2：传球进门。3：行进间颠球。4：快速绕杆。

图 27-1

二、技术练习

时间：20 分钟

场地：20 米 × 20 米

组织：两人一球相距 6 米左右，每人 10 次练习以下项目后交换（图 27-2）。

（1）一人连续向接球者的前后左右不同位置抛球，一人一脚回传。

（2）接球队员积极向前跑动，要球后一脚回传。

（3）接球队员加一次反向跑动后快速折返要球，并一脚回传。

（4）两人相距 20 米左右，连续大力发界外球，一人抛球，一人两脚触球回传。

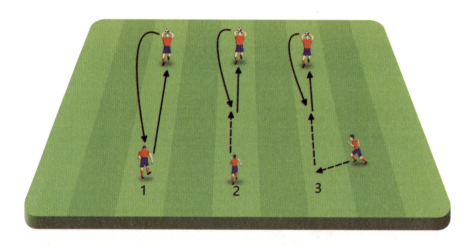

图 27-2

指导要点：

（1）抛球队员动作的规范。

（2）接球队员要提前移动，有较大范围的跑动。

三、情境训练

时间: 35 分钟

场地: 八人制球场半场边线处

组织: 一人边线外发球,另外两名队友和防守队员形成 2 对 2。

线路 1: 发球前处于前方的队友假装回撤要球,并制造前场的空位,而另一名后方队员与之快速换位,斜线跑动要球,发球队员将球抛到队员的跑动线路上(图 27-3)。

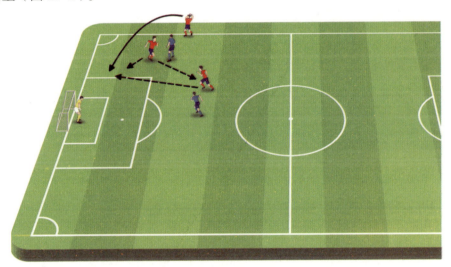

图 27-3

线路 2: 靠近罚球区的队员先向自己半场假装跑动要球,吸引防守队员向外侧移动,同时事前确定的接球队员迅速向边线移动假装接球,然后突然加速向球门方向弧形跑动,掷球者将球抛出,使其越过防守队员头顶,落到接球者前方(图 27-4)。

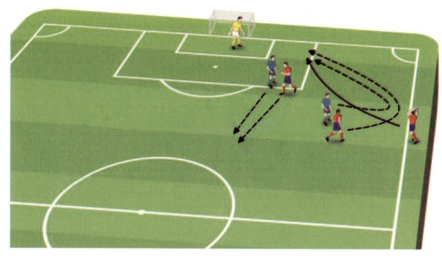

图 27-4

指导要点：

（1）发球前队员之间要提前交流。

（2）接球前的假动作一定要逼真，要以明显的速度变化摆脱防守。

（3）发球队员的动作要有一定的隐蔽性。

四、比赛

时间： 20 分钟

场地： 八人制球场全场

组织： 将场地分割成四个区域，每个区域大小为 15 米 ×30 米，进行 3 对 3 的比赛，两端设有小球门（2 米 ×2 米）不设守门员，四个场地同时开赛，每一节比赛 5 分钟，胜队向右侧轮转，负队向左侧轮转，平局以一次点球决胜，最右边的胜队保持不动，最左边的负队保持不动，直至决出最后的冠亚军（图 27-5）。

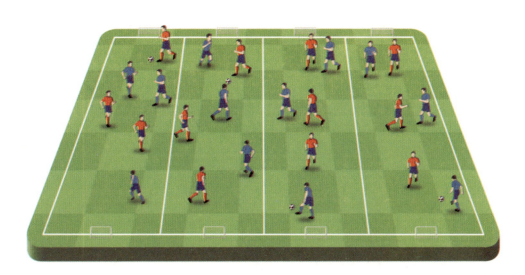

图 27-5

指导要点： 以八人制比赛规则进行比赛，执行界外球的训练战术。

观察现场：

（1）不同分割区域同时进行多场比赛，这样能使更多的队员得到锻炼，也能提高队员体能。

（2）根据教练的要求，要坚决围绕本次的训练主题进行比赛，这样才有意义。

第二十八课　定位球技战术——角球

一、热身

时间：15 分钟

场地：12 米 ×6 米

组织：在场地中间画出 3 米宽的禁区（相当于球网），将球员分成两组，每组 4～6 人，开始时分别处于底线外侧前后排列，第一名队员先在线外用手持球，然后将球以半高球的形式踢向对方半场，对面球员可以直接或者待球反弹一次后将球传回，每名队员传球后迅速跑向对面场地重新排队（图 28-1）。

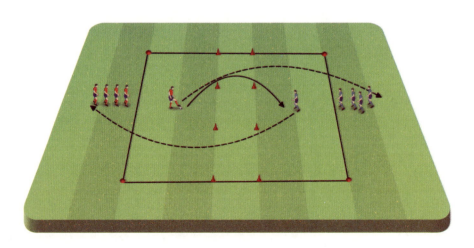

图 28-1

指导要点：

（1）球的第一落点必须在对方半场的有效区域内。

（2）尝试用身体的不同部位触球。

观察现场：训练前要在场外准备足够多的训练用球，保证练习衔接紧凑，尽量减少中断。

进阶：以比赛的形式，每局 11 分，每名队员传球后跑向本队的后方。

二、技术练习

时间： 20 分钟

场地： 20 米 × 30 米

1. 接球摆脱

组织：每 6 人为一组，按左、中、右的位置排列，队员间距 15 米左右，中间两名队员接球转身后，将球传向另一侧球员并随球跑动，左右脚交替练习（图 28-2）。

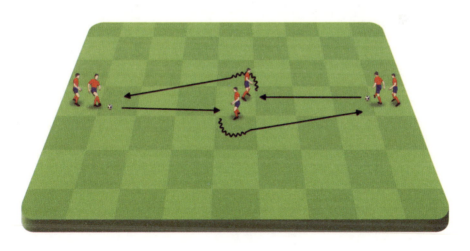

图 28-2

指导要点：

（1）外侧队员两脚触球，中间队员三脚触球，第一脚触球必须要有明显的方向性的变化。

（2）中间队员可以相互作为参照物，模拟带球变向，加速摆脱后传球。

2.长传转移

组织：6人一组，中间队员向外侧跑动，接球回传，外侧队员不停球直接长传转将球移到另一端，传球后随球跑动（图28-3）。

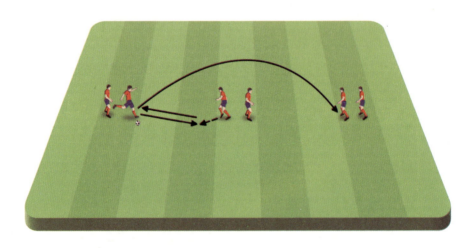

图28-3

指导要点：

（1）所有队员要一脚触球。

（2）中间接应队员要侧向跑动，打开身位，与外侧队员形成侧面的传球角度。

三、情境训练

时间：35分钟

场地：八人制球场半场

1．进攻战术

组织：除守门员外，半场内形成6对6。

战术1：首先罚球队员以地滚球的形式传球给队员A，A提前启动快速上前接应将球回传，罚球队员在球踢出后要快速向场内移动，接球后直接传中，门前队员抢点攻门（图28-4）。

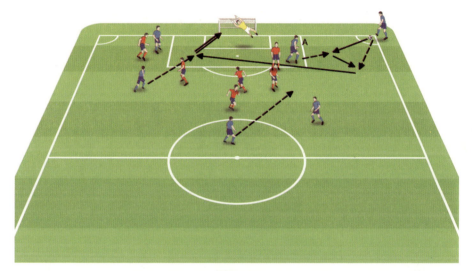

图28-4

指导要点：接应队员与罚球队员要侧向跑动，横向拉开角度，罚球队员第一脚传球后，不能停在原地，要立刻向场内跑动，避免越位。

战术2：罚球队员以地滚球形式传球给队员A，A提前启动加速向前，接球后快速变向摆脱防守，形成传中，门前队员抢点攻门（图28-5）。

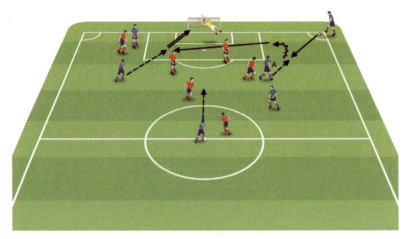

图 28-5

指导要点：接球队员 A 通过第一脚有方向性的触球加速摆脱防守队员

观察现场：对于角球所采取的进攻战术是根据防守队员的位置来制订的。

2. 角球的防守战术

组织：除守门员外，防守方在球门前比进攻方多安排 1～2 人。

战术 1：盯人防守。近端安排一名不盯防任何人的自由人 A，任务是清掉不超过头部的低球，如遇到进攻方发战术角球，近端门柱部署两人 B 和 C，其中一人保护近端，若想要更加稳妥，在远门柱也要部署一名防守队员 D（图 28-6）。

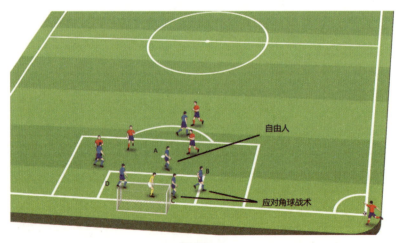

图 28-6

指导要点： 各位置要明确自身职责与任务，自由人不能随意出击。

战术2： 区域防守。防守方将球员安排在门前，各球员负责自己身前力所能及的区域，过顶的球交给后方处理，近端门柱安排一名不盯防任何人的自由人A，另外再多安排一人B，视情况决定是否要在远端门柱安排防守队员D，当进攻方使用战术角球时，B与C快速出击，自由人A不动（图28-7）。

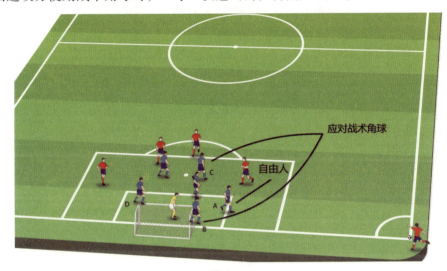

图28-7

指导要点： 每名队员不要轻易改变自己的防守区域。

观察现场： 当争顶高球时，防守队员要立即贴上去破坏对方身体的平衡。

四、比赛

时间： 20分钟

场地： 八人制球场半场

组织： 将比赛场地压缩至横向40米，纵向30米，场内进行8对8比赛，包括守门员，通过压缩场地，增加双方踢角球的机会（图28-8）。

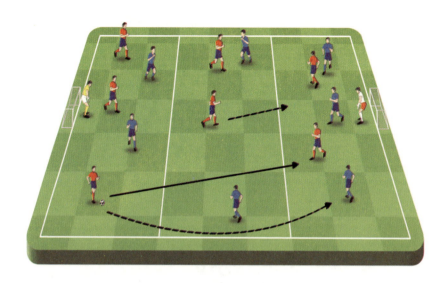

图 28-8

指导要点：根据训练的主题，坚决执行角球的进攻与防守战术。

第二十九课　定位球技战术——任意球

一、热身

时间：15 分钟

场地：八人制球场半场

组织：将所有队员平均分成两组，一组球员位于中圈内，另一组位于外侧标志盘两点之间，内外相距 15 米左右，两组共用一球，内外侧一对球员先连续进行 2～3 脚的传球，然后由外侧队员将球长传转移到另一侧的外围队员处，另一侧外围球员接球后与就近的内侧球员继续进行短传，并再次将球长传转移到另一侧，继续重复前面的练习（图 29-1）。

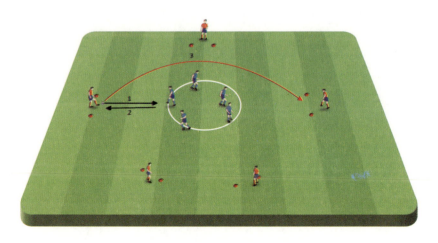

图 29-1

指导要点：内侧接应队员要打开身位，形成一个侧向的接球角度。

观察现场：为增加球员的跑动，可以将训练用球增加到 3 ～ 4 个。

二、技术练习

时间：25 分钟

场地：八人制半场

组织：在半场内，左、中、右三个位置安排三组固定人墙，全队平均分成两组，一组人员每人一球位于人墙外侧在三个地点轮换发直接任意球，另一组位于球门后捡球，每五分钟两组交换一次（图 29-2）。

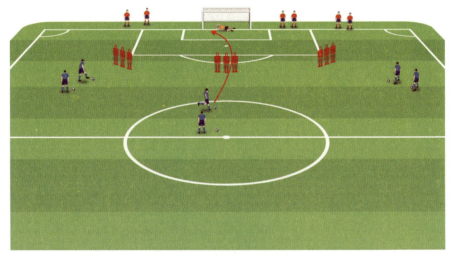

图 29-2

指导要点：

（1）发球队员在观察守门员和人墙的位置之后，要把注意力集中在球上。

（2）控制踢球力度，以传球的脚法将球踢出。

三、情境训练

时间: 30 分钟

场地: 八人制球场全场

组织: 以前场对方罚球区外的位置为例,除守门员外,防守一方比进攻方多 2 ~ 3 人。

战术 1: 有 2 ~ 3 人参与主罚任意球,球员 A 首先开始助跑并佯装射门后迅速快下,向球门方向移动,球员 B 同样助跑佯装射门后顺势下底,向底线移动,最后第三个跑上来的球员 C 将球快速传给 B,B 得球后立即传中或者直接射门(图 29-3)。

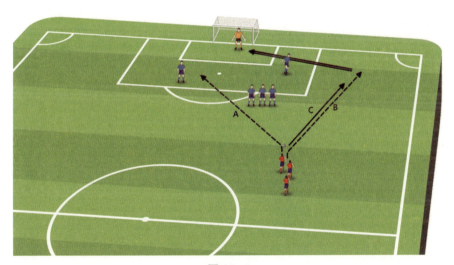

图 29-3

战术 2: 球员 A 站在球前准备主罚,球员 B 佯装射门从球的上方跑过,并继续跑动绕过人墙,然后 A 将球传给 C,C 将球直塞给人墙身后的 A,由 A 完成射门(图 29-4)。

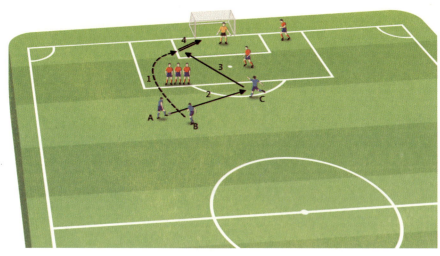

图 29-4

指导要点:

（1）主罚队员必须根据防守队员的人墙和站位提前沟通好战术。

（2）假动作一定要逼真，掩护队员的跑动要有速度和方向的变化。

观察现场: 向下插入的队员要时刻注意观察防守队员和守门员的位置，传球点不要太靠近球门。

四、比赛

时间: 20 分钟

场地: 八人制球场半场

组织: 将半场中间部分划分为三个大小均等的区域，进行 6 对 6 的比赛，包括两方的守门员，双方各有一名防守队员处于自己的后场，中间区域形成 4 对 4，控球方在完成规定的传球次数（如 6 次）后，可以有一名队员带球进入前场形成 1 对 1，并完成射门（图 29-5）。

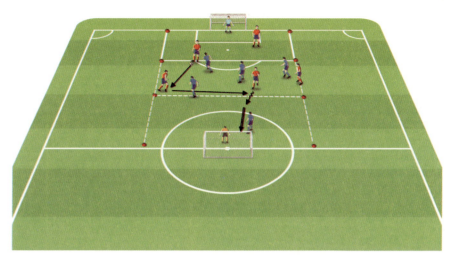

图 29-5

指导要点：限制 1 对 1 进攻的时间，如进入前场后 5 秒内完成射门。

观察现场：鼓励双方球员大胆带球突破，并加强身体对抗，从而增加双方获得任意球的机会。

参考文献

[1] 扬科夫斯基.如何像瓜迪奥拉和穆里尼奥那样执教：足球战术周期模型及训练方法 [M]. 毕成，译.北京：人民邮电出版社，2017.

[2] 林雅人.图解荷兰足球战术：基础训练 120 项 [M]. 方昌日，译.北京：人民邮电出版社，2019.

[3] 都并敏史.足球战术与阵形图解：思路解说、案例分析及训练方法 [M]. 张大维，金丹，译.北京：人民邮电出版社，2018.

[4] 弗兰克斯，休斯.足球比赛决策分析及针对性训练 [M]. 毕妍，周亢亢，译.北京：人民邮电出版社，2019.

[5] 施赖纳，埃尔格特.进攻型足球打法训练指南：如何发动快速反击、组织进攻并漂亮进球 [M]. 曹晓东，刘斌，译.北京：人民邮电出版社，2017.

[6] 施赖纳.足球训练完全图解：完美控球技术 [M]. 陈柳，译.北京：人民邮电出版社，2020.

[7] 西格.足球技战术训练丛书 [M]. 范旸，陈柳，译.北京：人民邮电出版社，2019.